W0413997

Mike Dooley

Die Magie des Universums

MIKE DOOLEY

Die Magie des Universums

In 7 Schritten die Welt aus den Angeln heben

Aus dem Englischen von
Diane von Weltzien

MensSana
BEI KNAUR

Die amerikanische Originalausgabe erschien 2011 unter dem Titel »Leveraging the Universe« bei Atria Books/Beyond Words. A division of Simon & Schuster, Inc., New York.

Besuchen Sie uns im Internet:
www.mens-sana.de

FSC
www.fsc.org
MIX
Papier aus verantwortungsvollen Quellen
FSC® C006701

© 2011 Mike Dooley
Für die deutschsprachige Ausgabe:
© 2012 Knaur Verlag
Ein Unternehmen der Droemerschen Verlagsanstalt
Th. Knaur Nachf. GmbH & Co. KG, München
Alle Rechte vorbehalten. Das Werk darf – auch teilweise – nur mit Genehmigung des Verlags wiedergegeben werden.
Redaktion: Ulrike Strerath-Bolz
Umschlaggestaltung: ZERO Werbeagentur, München
Umschlagabbildung: FinePic®, München
Satz: Andrea Mogwitz, München
Druck und Bindung: CPI – Ebner & Spiegel, Ulm
Printed in Germany
ISBN 978-3-426-65711-9

2 4 5 3 1

Für Marisol

Inhalt

Vorwort

Dieses Buch basiert auf dem Material meiner ersten Welttournee in den Jahren 2003 und 2004. Ich trat sie an, kurz nachdem ich mit dem Audioprogramm *Infinite Possibilities: The Art of Living Your Dreams* (Unendlich viele Möglichkeiten: Die Kunst, die eigenen Träume zu verwirklichen) auf Sendung gegangen war. Zum damaligen Zeitpunkt war *Infinite Possibilities* ein eher theoretischer Ansatz, der Erklärungen für das Funktionieren unseres Lebens in Zeit und Raum anbot. Doch mein Nachfolgeprogramm sollte die Form von Vorträgen und Workshops haben, und daher musste ihm ein *praktischer* und unmittelbar *umsetzbarer* Ansatz zugrunde liegen. Also wählte ich für das auf meiner Tour gesammelte Material den Titel *Leveraging the Universe: Engaging the Magic* (Das Universum nutzen: Die Magie anheuern). Es fand zunächst als live eingespieltes Hörbuch den Weg in den Handel und bildet nun die Basis für das vorliegende Buch.

Dieses Buch bietet neue Ansätze für diejenigen, die im Hinblick auf die Frage »Wie kann ich mein Leben verändern?« noch in den Methoden der alten Schule verhaftet sind: im Setzen von Zielen und im positiven Denken. Sachlich und in nachvollziehbaren Einzelschritten beschreibt es den Weg, den man einschlagen sollte, wenn man die Magie des Lebens und die uns allen innewohnende übersinnliche Kraft anheuern will. Die Anhänger der alten Schule glauben nur zu oft, dass sie den Weg alleine gehen, am richtigen Ort sein und die richtigen Leute kennen müssen, während sie im Schweiße ihres Angesichts die Last der ganzen Welt auf ihre Schultern nehmen. Am anderen Ende des Spektrums befinden sich die Anhänger der neuen Schule, die schon alle Bücher gelesen und alle Workshops gemacht haben und dabei zu dem Schluss gekommen sind, dass sie sich lediglich in die Hand des liebenden, im Hintergrund wirkenden Universums geben müssen, und schon wird ihr Leben durch seine Magie transformiert. Allerdings stellen sie sich im Stillen immerzu die Frage, warum sich bisher noch gar nichts getan hat.

Die Antwort liegt irgendwo in der Mitte zwischen den beiden Schulen. Das bedeutet, wir müssen unterscheiden zwischen den Dingen, die wir für uns selbst tun können, sollten und müssen, und denen, die wir an die Instanz delegieren dürfen, sollten und müssen, die schon seit Anbeginn der Zeit an Ort und Stelle ist. Wir haben dabei die leichtere Aufgabe erwischt. Wir müssen lediglich die Segel setzen, damit der magische Wind des Lebens sie füllt. Doch ohne eine gewisse – symbolische – Anstrengung und ein paar erste kleine Schritte in Richtung Erfüllung unserer Träume können wir unser Leben nicht so auskosten, wie wir wollen. Außerdem entfernen wir uns immer weiter von der grenzenlosen Gnade, die sich ohne Unterlass abmüht, unser Herz im Sturm zu erobern, uns mit potenziellen Freunden die Türen einzurennen und das von uns erträumte Leben zu erschaffen.

Dieses Buch handelt davon, wie man Denken, Reden und Tun einsetzen kann, um sich diese Gnade zunutze zu machen. Es beschreibt, wie man mit dem geringsten Aufwand das höchste Ziel erreicht. Es unterstützt dich darin, die Wahrheit zu finden und dann nach ihr zu leben, damit sich das Reich und die Kraft und die Herrlichkeit vor deinen Augen offenbaren können, noch während du als Schöpfer damit beschäftigt bist, deinen heiligen Platz in der Schöpfung zu finden.

Ich werde dich mit Hilfe von Geschichten, Erklärungen und Anekdoten durch dieses Buch führen, die ich, weil sie so immens wichtig sind, zum Teil aus meinen früheren Schriften entlehne. Ich erkläre dabei:

- wie die Macht des Universums einzusetzen ist,
- wie du sie für dich nutzen kannst und
- was du im Hinblick auf Haben, Tun und Sein wissen musst.

Außerdem werde ich gelegentlich Parallelen zu meinen eigenen Erfahrungen aufzeigen, da ich mich genau dieser Lektionen bedient habe, um mein Leben, das vor elf Jahren scheinbar Schiffbruch erlitten hatte, wieder flottzumachen. Und ich erläutere die Schritte, die jeder gehen kann, um wieder Fahrt aufzunehmen.

Drachentöter, Torero von Zeit und Raum, rechtmäßiger Erbe des Himmels auf Erden – es ist an der Zeit für dich, das Leben *deiner* Träume zu führen.

Dein größter Bewunderer,
Mike

Einführung

Ich war neun Jahre alt, als ich mir zum ersten Mal die Magie des Lebens zunutze gemacht habe – darüber habe ich in früheren Veröffentlichungen bereits geschrieben. Ich kam von einem Reitwettbewerb, bei dem ich den sechsten von sechs möglichen Plätzen erreicht hatte. Damit wollte ich mich aber auf Dauer nicht zufriedengeben, und deshalb folgte ich dem klugen Rat meiner Mutter: Jeden Abend bat ich Gott darum, mir beim nächsten Wettkampf zu helfen, damit ich »mein Bestes« gab. Abend für Abend betete ich und malte mir in allen Details aus, wie es sein würde, wenn ich beim nächsten Mal Champion würde. Tatsächlich verwandelten sich diese kindlichen Phantasien umgehend in einen handfesten Pokal für den ersten Platz.

Bewusst spannte ich die Magie des Lebens zum ersten Mal vor meinen Karren, als ich mich davor bewahren wollte, aufgrund meiner völligen Inkompetenz meinen Job bei Price Waterhouse zu verlieren. Nachdem ich mich ein paar Wochen lang darin geübt hatte, mir detailliert vorzustellen, wie glücklich ich bei der Arbeit war (und das, obwohl ich tatsächlich nicht hätte unglücklicher sein können), wurde ich in eine andere Abteilung versetzt. Dort hob meine Karriere ab wie eine Rakete.

Nach diesem Erfolg mit der bewussten Materialisierung meiner Gedanken entschloss ich mich, den Prozess zu beschleunigen, indem ich mein erstes Notizbuch anlegte. Wie in einer Traumcollage sammelte ich darin meist aus Illustrierten ausgeschnittene Abbildungen von all den Dingen, die ich mir erträumte: ein schickes Auto, eine Eigentumswohnung, ein Haus und so fort. Bestandteil meiner Kladde waren auch ferne Reiseziele, die ich irgendwann einmal aufsuchen wollte: London, Paris, Hongkong und Tokio.

Es überraschte niemanden mehr als mich selbst, dass ich zwei Jahre später mit einem Zweijahresvertrag meiner Firma in der Tasche im Nahen Osten lebte. Bei meinem ersten Heimflug machte ich in Hongkong Station. Als ich dort im Regent Hotel in Kowloon des Morgens von meinem Frühstück aufblickte, tat mein Herz einen Sprung, denn vor dem Panoramafenster breitete sich genau der Blick auf Hongkong Island aus, den ich vierundzwanzig Monate zuvor in mein Notizbuch geklebt hatte.

Als meine Mission im Nahen Osten zu Ende ging, durfte ich mich in meiner Lieblingsstadt ansiedeln, in Boston, Massachusetts. Dort kaufte ich mir meine Traumwohnung, so dicht am Stadtzentrum, dass ich jeden Tag zu Fuß zur Arbeit gehen konnte. Achtzehn Monate später entschloss ich mich, meinen Job zu kündigen, um einen weiteren Traum wahr zu machen: Ich wollte selbst ein Unternehmen gründen. Für das Startkapital verkaufte ich meine Wohnung und zog nach Orlando, Florida. Dort tat ich mich mit meinem Bruder Andy, der Grafiker ist, und mit meiner wirklich coolen Mutter Sheelagh zusammen. Gemeinsam gründeten wir TUT Enterprises (TUT stand für Totally Unique T-Shirts – wirklich einzigartige T-Shirts). Wir druckten die Grafiken meines Bruders in Verbindung mit meinen Gedanken und Gedichten über das Leben, die Träume und das Glück auf Hemden, Geschenke, Grußkarten, Schlüsselanhänger und Poster. Und in den folgenden zehn Jahren verdienten wir damit weltweit mehr als zehn Millionen Dollar.

Und dann: der »Schiffbruch« …

Aus der Distanz betrachtet, erscheint mir diese emotional schwierige Phase heute wie eine verschwommene Erinnerung an ein weit zurückliegendes »früheres Leben«. Wenn ich daran zurückdenke, dann kommen mir fast schon vergessene

Alpträume in den Sinn. Ich kann kaum glauben, dass sie tatsächlich zu mir gehörten, denn schon vierundzwanzig Monate nach meinem vermeintlichen Schiffbruch war ich der Autor eines der weltweit bestverkauften Audioprogramme zum Thema »Persönliche Entwicklung«. Weitere zwölf Monate später befand ich mich bereits auf jener Welttournee, die mir das in diesem Buch hier verarbeitete Material bescherte. Und noch weitere vierundzwanzig Monate später war ich einer der Mitwirkenden bei dem internationalen Film- und Buchprojekt *The Secret.* Der schönste Augenblick in meiner Karriere war für mich das erste Auftauchen meines dem Audioprogramm folgenden Buches *Infinite Possibilities* (Dt.: *Verändere dein Denken, dann hilft dir das Universum*) auf der Bestsellerliste der *New York Times.*

Und was sogar noch besser ist als all diese Dinge zusammen: Zum ersten Mal in meinem Leben, und das nun schon seit etlichen Jahren, fühle ich mich erfüllt von Kreativität und habe Freude an allem, was ich tue. Überall auf der Welt unterrichte ich Menschen und helfe ihnen, während ich selbst weiterlerne und mir auch selbst helfe.

Als Extrazugabe empfinde ich es, dass ich beim Schreiben meiner Lebensgeschichte mit dem Titel *Von der Verunsicherung zum Vermögen* endlich begreifen durfte, *wie* ich meinen Kurs durch die sturmgepeitschte See meines Lebens auf dem Weg zu meinem dritten und lohnendsten Beruf gefunden habe. Es erfüllt mich mit Demut, dass ich euch nun mitteilen kann, was ich gelernt habe, damit ihr euch ebenfalls die Magie des Lebens zunutze macht.

Dieses Buch erklärt sieben sehr einfache Schritte, von denen jeder in einem eigenen Kapitel umfassend erläutert wird:

1. **Die eigene Kommandogewalt durchschauen:** Die Hauptursache für »Schiffbrüche« ist unsere Unkenntnis vom Wesen unserer Wirklichkeit und damit unserer

Kommandogewalt und seiner Quelle. Dem Erkennen der Zusammenhänge folgt die Auflösung des Zweifels und das Anwachsen des Selbstvertrauens. Das bewusst geführte Leben folgt dann automatisch.

2. **Den Kurs festlegen und in See stechen:** Deine Standortbestimmung und die Beantwortung dreier einfacher Fragen (Was will ich? Wo stehe ich heute? Welchen Weg wähle ich?) offenbart, was du jetzt sofort in deinem Leben tun kannst, um entscheidende Veränderungen herbeizuführen – auch wenn du noch nicht genau weißt, in welche Richtung du gehen willst.

3. **Dienst tun und Order geben:** Um das Universum wirksam anzuheuern und die Magie des Lebens anzumustern, musst du zum einen wissen, welchen Dienst du selbst tun kannst, sollst und musst, und zum anderen, was du an deine Mannschaft delegieren kannst, sollst und musst.

4. **Das Universum anheuern:** Nachdem du dich für ein Ziel entschieden hast und in die Richtung seiner Verwirklichung steuerst, ist dein Einsatz dann am lohnendsten, wenn du lernst, deine Gedanken, Worte und Taten spielerisch einzusetzen.

5. **Die eigenen Überzeugungen auf Kurs bringen:** Es ist nicht wichtig zu wissen, auf welche Weise dich deine unsichtbaren Überzeugungen bisher einschränkten! Verschaffe dir stattdessen Klarheit darüber, welche Überzeugungen du haben willst, bring sie auf den Kurs deiner Träume und verankere sie.

6. **Die Magie des Lebens anmustern:** Anfangen und dranbleiben setzt die unvorhersehbare Entwicklung der Ereignisse und Ideen in Gang, die letztlich deine Träume wahr machen werden.

7. **Den Kurs halten:** Auch wenn du jetzt volle Fahrt machst und auf deiner Reise gut vorankommst, ist es doch unwahrscheinlich, dass du dein Ziel schon am Horizont siehst. Hier erhältst du die Bestätigung dafür, dass dein Kurs anliegt, auch wenn der Schein dich vielleicht das Gegenteil vermuten lässt.

Lieber Mitabenteurer, ich habe gelernt, dass alles leichter wird, wenn ich nur in der Wahrheit verankert bleibe, die auf der Großartigkeit des Lebens und der eigenen göttlichen Kraft fußt. Ja, auf einer aufwärtsstrebenden Spirale des Erfolges und Glücks hebst du förmlich ab, erlangst so viel Schwung, dass du auf deiner Reise hin zu Selbsterkenntnis, Offenbarung und Liebe wirklich nicht mehr aufzuhalten bist. Dies alles liegt noch vor dir, gleichgültig, wie holperig dein Weg bisher auch war. Ich habe keinen Zweifel daran, dass *das Beste* erst noch kommt.

Gruß vom Universum

Was kann man jemandem schenken,
der schon alles hat, schon immer und für immer?
Lautet dein Vorschlag womöglich: »Wie wäre es mit
der flüchtigen Illusion, nicht alles zu haben, Alter?
Das würde doch dem Leben den Geschmack von
Abenteuer verleihen, dem Tag eine dramatische Note
geben und eine fast unerträgliche Leichtigkeit ins
Spiel bringen, wie Engel sie spüren, wenn sie in Zeit
und Raum tanzen!«
Glaub du mal lieber selbst nicht
an flüchtige Illusionen, Alter.
Das Universum

PS: Trotz all des großen Tamtams kann es im Himmel
ohne Haben und Nichthaben, Hier und Da, Jetzt und
Dann, Geschüttelt und nicht Gerührt manchmal
ziemlich langweilig werden.

ERSTER SCHRITT:
Die eigene Kommandogewalt durchschauen

Wer die Macht in uns begreifen will, muss als Erstes seine Quelle – das Universum – verstehen, seine Beziehung zu ihr und ihre Magie. So, wie man sein Auto oder seinen Computer verstehen muss, um sie sich zunutze zu machen, den Lebenspartner und die Kinder, um sich an ihnen zu erfreuen, oder die Freunde und Kollegen, um sie zu schätzen, so muss man auch erfassen, wie und wo man im Universum steht, um seine unermessliche Magie wirksam einsetzen zu können.

»Trachtet als Erstes nach dem Reich Gottes …, so wird euch solches alles zufallen.« Ich beginne dieses Kapitel mit einem Zitat aus der Bibel (Matthäusevangelium 6,33), obgleich ich nicht im Entferntesten religiös bin. Dennoch halte ich mich für einen extrem spirituellen Menschen. Ich glaube an Gott, das Universum oder eine höhere Macht, die uns liebt und in uns allen lebt. Ich glaube, dass wir unsterblich sind und der Illusion von Zeit, Raum und Materie voraus- und über sie hinausgehen. Ich glaube, dass Religionen von Menschen erdacht sind, zweifellos mit guter Absicht, doch die meisten von ihnen sind dogmatisch geworden und schließen diejenigen aus, die ihre Lehren nicht akzeptieren oder übernehmen.

Ich glaube *nicht* daran, dass wir geboren sind, um uns prüfen, richten und bestrafen zu lassen. Ich glaube *nicht,* dass wir hier sind, um Gott zu huldigen oder um selbstlos unser Leben für andere zu opfern. Nein, wir sollen uns von unseren Träumen leiten lassen, unserem Herzen folgen und glücklich sein (womit wir anderen Menschen übrigens auch am besten dienen). Ich glaube daran, dass alle Menschen guten Willens sind, dass Liebe die Wirklichkeit zusammenhält und dass wir mit unseren Gedanken und unserem Fokus entscheiden, womit diese Liebe unser Leben bereichert.

Dennoch meine ich, dass die Bibel (wie andere heilige Bücher, moderne Songs und sogar Grußkarten) erstaunlich schöne und kluge Kernwahrheiten enthält, und deshalb zitiere ich aus ihr, wie eben geschehen. Nur leider sind viele dieser Kernwahrheiten inzwischen bei den verschiedensten Gelegenheiten von religiösen Führern falsch ausgelegt, falsch verstanden oder sogar manipuliert worden. Diese Ungenauigkeiten sind mittlerweile von den ahnungslosen »Gläubigen« akzeptiert, die nichts von früheren Ausgaben wissen (und vielleicht gar keine Gläubigen wären, wenn sie davon wüssten). Beispielsweise war das Thema Reinkarnation ursprünglich Bestandteil der Bibel. In seinem internationalen Bestseller *Die zahlreichen Leben der Seele* schreibt Dr. Brian Weiss: »Tatsächlich gab es sowohl im Alten wie im Neuen Testament Hinweise auf Reinkarnation. Im Jahr 325 n. Chr. hat der römische Kaiser Konstantin der Große … alle Hinweise auf Reinkarnation entfernen lassen … Was später im Zweiten Konzil von Konstantinopel im Jahr 553 bestätigt wurde.«

Ich glaube daran, dass alle Menschen guten Willens sind, dass Liebe die Wirklichkeit zusammenhält und dass wir mit unseren Gedanken und unserem Fokus entscheiden, womit diese Liebe unser Leben bereichert.

Das Zitat aus dem Matthäusevangelium ist nur eine von vielen Kernwahrheiten, die man falsch ausgelegt hat. Ich wurde im katholischen Glauben erzogen. Für mich und für viele andere Christen bedeutete dieser Satz, dass ich danach streben soll, ein gutes, rechtschaffenes, sauberes Leben nach christlichen Vorstellungen zu führen, damit ich dann, wenn ich sterbe, in den Himmel komme. Dort wird mir endlich alles gegeben – was aber weniger wert ist als die Tatsache, dass ich es in den Himmel geschafft habe. Heute verstehe ich das Bibelwort anders, und ich glaube, ich bin damit dichter an seiner ursprünglichen Bedeutung, die noch dazu viel großartiger ist. Ich meine, das Wort fordert uns auf, unser wahres Wesen als göttliches Kind des Universums zu begreifen. Uns steht alles offen, was wir uns nur ausmalen können, und wir sind mit einem kaum vorstellbaren Maß an Liebe und Kraft gesegnet. Und wenn wir dieses Bewusstsein erreicht und *unsere wahre Kraft und die Quelle dieser Kraft ergründet haben,* dann wird uns alles gegeben. Hier und jetzt. Oder einfacher formuliert: Erst wenn du begreifst, dass du in einer Welt der selbst geschaffenen Illusionen lebst, kannst du sie nach deinen eigenen Vorstellungen verändern.

Wir verdanken die Befehlsgewalt, die wir über unsere Illusionen haben, der Tatsache, dass unsere Gedanken tatsächlich, letztendlich und unfehlbar zu den Dingen und Ereignissen unseres Lebens werden. Die Maxime *Gedanken werden Dinge* ist das A und O, wenn du das Leben deiner Träume führen und nach deinen Vorstellungen über den Ozean von Zeit und Raum segeln möchtest. Wie ich in *Verändere dein Denken, dann hilft dir das Universum* beschrieben habe, ist diese Maxime ein Pfeiler unserer physischen Wirklichkeit, eine der unumstößlichen Seinswahrheiten, die uns die Bühne bereiten, auf der wir unser Leben aufführen. Da diese Seinswahrheit ein derart grundlegendes Prinzip ist, wollen wir sie noch einmal kurz wiederholen (siehe auch Kapitel 2, »Überzeugungen«, in meinem Buch *Verändere dein Denken, dann hilft dir das Universum*):

Die absoluten Gewissheiten des Lebens

Wir sind eins (mit allen Menschen, mit dem Göttlichen, mit der Schöpfung). Außerhalb von Gott kann es nichts geben. Es gibt nichts Nicht-Göttliches. Woher sollte das Nicht-Göttliche kommen, und *wie sollte es beschaffen sein?*

Gedanken werden Dinge (wir sind Schöpfer). Unsere Gedanken, da sie ja der beschriebenen absoluten Gewissheit zufolge göttlich sind, besitzen eigene Energie und eine eigene »Lebenskraft«.

Alles Leben (Bewusstsein; wir selbst) ist ewig. Wir (das Göttliche, Energie, Bewusstsein) sind die Schöpfer dieser illusorischen Dimension »Zeit« (die Einstein als relativ bezeichnet hat), folglich müssen wir »vor« ihr und »nach« ihr existieren, und so ist es.

Alles ist Liebe (alles ist Gott). Ist es denn nicht naheliegend, dass die *gesamte* Wirklichkeit auf göttlicher Liebe basiert – einer Liebe, die weit über den menschlichen Begriff hinausgeht? Kann es auch nur den kleinsten Bereich geben, der vergessen, verdorben oder so erschaffen wurde, dass er nicht von göttlicher Liebe erfüllt ist?

Alles ist gut (alles ist genau so, wie es sein soll). Diese Maxime bringt den Begriff »Zufall« ins Spiel. Zwar hat der göttliche

Geist alle Möglichkeiten offengelassen, wenn es um die Entwicklung geht, doch was letztendliche Ergebnisse wie etwa Wachstum, Lernen und das immerwährende Einssein mit dem göttlichen Geist betrifft, so wurden sie *nicht* dem Zufall überlassen. Raum für Fehler, Zufälle, Unfälle, »vielleicht«, »hätte doch« oder »hoffentlich« ist nicht vorgesehen, weil das allgemeine Entwicklungspotenzial noch vor dem Beginn unseres Abenteuers von einer höheren Warte aus betrachtet und beurteilt wurde.

Diese Liste erhebt keinen Anspruch auf Vollständigkeit, denn jede der erläuterten absoluten Gewissheiten macht eine Reihe von Ablegern möglich, von denen ich einige in Klammern angedeutet habe. Unsere Liste reicht aus, um das Wesen unserer Wirklichkeit zu begreifen und um uns zum wirkungsvollen Einsatz unserer Gedankenkraft zu veranlassen. Außerdem möchte ich darauf hinweisen, dass nur eine unserer absoluten Gewissheiten eine Variable enthält: Gedanken werden Dinge. *Bist du jetzt ins Nachdenken gekommen?*

Glauben kontra absolute Gewissheiten

Diese Wahrheiten sind absolut. Sie sind unveränderlich. Sie haben auch dann Bestand, wenn man nicht an sie glaubt. Das ist eine große Sache – eine wirklich große!

Die Tatsache, dass du ein Buch wie dieses liest, zeigt mir, dass du die Allmacht von Überzeugungen bereits durchschaut hast. Sie sind der Ursprung all unserer Gedanken, und es sind diese Gedanken, die zu den Dingen und Ereignissen unseres Lebens werden. Doch obgleich unsere Gedanken wirklich so mächtig sind, existiert die Maxime

Gedanken werden Dinge unabhängig von unseren Überzeugungen. Die Maxime hat Vorrang, immer! Das heißt, selbst wenn du nicht daran glaubst, dass aus Gedanken Dinge werden, *deine Gedanken werden auf jeden Fall zu den Dingen und Ereignissen deines Lebens!*

Jede Religion gründet sich auf ihre eigenen Glaubenswahrheiten, doch sie sind wie bewegliche Feiertage. Die eine Religion postuliert möglicherweise, »er« sei dein Retter, »dies« sei der Weg oder »das« sei das Ziel. Eine andere zäumt das Pferd eher von der anderen Seite auf, verspricht ihren Anhängern – und nur ihren Anhängern! – aber dennoch Erlösung. Maximen wie *Gedanken werden Dinge* und die anderen Leitsätze, die ich aufgeführt habe, sind nicht variabel. Sie schließen nichts und niemanden aus. Es spielt keine Rolle, welchem Glauben du anhängst: Deine Gedanken werden immer und unfehlbar dein Erleben hervorbringen.

Gruß vom Universum

Mit das Beste an Zeit und Raum ist, dass man sich selbst nicht endlos an der Nase herumführen kann.
Na bitte!
Das Universum

An welcher Stelle du in der Gleichung der Wirklichkeitserschaffung stehst

Nachdem ich die Säulen, auf denen unsere Wirklichkeit ruht, erkannt und benannt hatte, geschahen in den darauffolgenden Jahren merkwürdige Dinge. Ich meinte, sie noch weiter zusammenfassen zu können, und kam zu dem Schluss, dass es nur drei unumstößliche Maximen gibt, die alle anderen beinhalten:

Es gibt nur Gott.
Wir alle sind eins.
Gedanken werden Dinge.

Ich war ziemlich stolz auf diesen Einfall und freute mich darüber, dass meine Theorie auf diese Weise noch einfacher wurde. Doch es gab noch ein Problem. Kannst du erkennen, dass die drei Maximen noch immer eine Wiederholung enthalten? Bedeuten denn nicht »Es gibt nur Gott« und »Wir alle sind eins« ein und dasselbe?

Also dämmerte mir, dass es vielleicht doch nur zwei absolute Seinsgewissheiten gibt: *Es gibt nur Gott* (beziehungsweise: *Wir alle sind eins,* was auf das Gleiche hinausläuft) und *Gedanken werden Dinge.* Zwar wollte ich mich nicht zu früh freuen, aber ich war mit meinem Ergebnis recht zufrieden. Als ich jedoch zurücktrat und noch ein wenig länger nachdachte, fand ich noch mehr Überflüssiges. Wenn es nur Gott gibt, was sind dann *Gedanken,* wenn nicht Gott? Und wenn es nur Gott gibt, was sind dann *Dinge* anderes als Gott?

Ich kam also zu der abschließenden Erkenntnis, dass es tatsächlich nur eine einzige absolute Seinsgewissheit gibt und dass unsere Wirklichkeit auf einer einzigen unverrückbaren und unabänderlichen Säule ruht. Man kann sie zwar auf unterschiedliche Weise in Worte fassen, doch letztlich bringt man damit nichts anderes zum Ausdruck als: *Gedanken werden Dinge* – meine Lieblingsmaxime. In dieser Fassung gestattet uns die Maxime, sofort zu erkennen, an welcher Stelle du, als ein Denker, in der Gleichung der Wirklichkeitserschaffung stehst. Ich schreibe »*ein* Denker«, um kein Ärgernis zu erregen und weil Gott ohne Zweifel mehr ist als wir beziehungsweise als die eingeschränkte Vorstellung, die wir von uns selbst haben. Bedenke jedoch: *Es gibt nur Gott.* Folglich trifft auch zu: »Du bist *der* Denker«.

In diesem Sinne will ich hier eine Analogie zum Besten geben, die dir deine Rolle als Schöpfer verdeutlicht und dir zeigt, *wie* du das tust, *was* du tust. Bestimmt kennst du das Comicheft oder den Film *Spiderman,* oder? Spiderman verschießt Leinen und Netze aus seinen Handflächen und fliegt durch Manhattan, indem er sich von Wolkenkratzern fallen lässt. Als ich eines Tages über die Idee in diesem Buch nachdachte, da dämmerte es mir, dass wir alle Spiderman eigentlich ziemlich ähnlich sind. Mit einem Unterschied: Wir verschießen nicht Spinnweben, sondern die Gedanken, die wir in Zeit und Raum auf unsere Ziele richten. Was aufgrund unserer destillierten *absoluten Seinsgewissheit* nichts anderes bedeutet, als dass wir *Gott* in Zeit und Raum verschießen.

In den Momenten, in denen wir nachdenken oder uns konzentrieren, produzieren wir nicht etwa frucht- und leblose Gedanken, sonder *wir verschießen Gott in die Welt, die uns umgibt.* Deshalb hat die Maxime *Gedanken werden Dinge* so viel Macht, und deshalb tragen wir die Verantwortung für alles, womit wir uns im Geiste beschäftigen. Wenn du mit deiner Aufmerksamkeit in eine bestimmte Richtung zielst, dann ist das, als kommandiertest du Gott – deine Gedanken – in diesen Bereich des Raumes ab. Und dort gilt nun einmal das Gesetz, dass deine Gedanken sich in die Dinge und Ereignisse deines Lebens verwandeln.

Wenn man die Maxime *Gedanken werden Dinge* auf diese Weise betrachtet, dann zeigt sich nicht nur die Macht der Gedanken im Allgemeinen, sondern auch die Macht deiner Gedanken im Besonderen, denn schließlich entscheidest du absolut frei über deine Gedanken! Du bringst Gott auf den

Weg, wenn du an einen anderen Menschen denkst. Du bringst Gott auf den Weg, wenn du an Wohlstand und Fülle denkst. Und du bringst Gott auf den Weg, wenn du an Armut, Mangel oder Unglück denkst.

Auf der Ebene der Manifestation, auf der wir uns befinden, schickt Gott oder das göttliche Prinzip schließlich deine ausgesandten Gedanken in materieller Form zu dir zurück. Dabei kommt es uns zugute, dass, gesetzt den Fall, wir fallen der Negativität anheim, die meisten Manifestationen *nicht* augenblicklich erfolgen. Außerdem wird die Mehrheit unserer negativen Gedanken von unserem angeborenen Optimismus und von unserer Vorliebe fürs Vorankommen und Gedeihen aufgewogen. Insgesamt gesehen neigen wir also auf natürliche Weise und instinktiv eher dem »Guten« als dem »Schlechten« zu. Ist nicht dein Leben ein Beweis für diese Behauptung?

Gott kontra Universum

Mir ist klar, ich gebrauche den Begriff »Gott« hier nicht im üblichen Sinne, sondern auf der Basis jener absoluten Gewissheit, der zufolge *alles Gott ist.* Und gemäß dieser Definition umfasst Gott auch die Schwerpunkte, die du setzt, und deine diesbezüglichen Gedanken.

Ich meine, dass die meisten Menschen an einen Gott glauben möchten, der eine Persönlichkeit hat – am liebsten eine, die der ihren gleicht. Zwar ermöglicht uns die Vorstellung, dass Gott eine Persönlichkeit hat, eine holzschnittartige und beherrschbare Auffassung vom Schöpfer, doch legt sie darüber hinaus auch nahe, dass der Schöpfer voreingenommen ist. Diese Schlussfolgerung aber verneint die bereits dargestellten, einfachen und offensichtlich absoluten Seinsgewissheiten, insbesondere *Alles ist Liebe.*

Selbstverständlich glaube ich an »Gott« und an »seine« Befähigung zu *bedingungsloser Liebe,* die in Schönheit und Rückhalt bei weitem die von uns Menschen zum Ausdruck gebrachte Liebe übersteigt. Doch ebenso wohl fühle ich mich mit der gleichzeitigen Erkenntnis, dass es einen solchen Gott nicht gibt, auch wenn den meisten von uns in der Kindheit nahegelegt wurde, an ihn zu glauben. Zwar kann ich, wie ihr, mit meinem Kopf nicht vollständig erfassen, was Gott in seiner Gesamtheit ist, doch ich kann wenigstens wahrnehmen, was *ist* und was sich *richtig anfühlt* und entsprechend handeln, ohne mir deshalb Gott als Mann oder als Frau vorzustellen, zufrieden oder wütend, fordernd oder voreingenommen. Mit meinen absoluten Seinsgewissheiten will ich nichts anderes tun als das Offensichtliche benennen. Ich hoffe, es ist offensichtlich, dass die absoluten Seinsgewissheiten alle Menschen ohne Unterschied und gleichermaßen würdigen. Und weil Gedanken zu Dingen werden, verschaffen uns diese absoluten Seinsgewissheiten einen festen Stand, wenn es darum geht, unsere angeborenen, augenscheinlichen und übernatürlichen Kräfte zu *erklären* und zu nutzen.

Bei meinem Versuch, Gott im Rahmen des Möglichen und Offensichtlichen zu erklären, möchte ich hier auf einen Gruß vom Universum zurückgreifen, den ich schon viele Male als Antwort eingesetzt habe, wenn die Fragen »Was ist das Universum? Ist es mit Gott identisch? Können wir uns darauf stützen? Sorgt es für uns?« auftauchten.

Gruß vom Universum

Ich bin sicher, du weißt genau, dass du aus mehr bestehst als aus Fleisch und Blut.
Wir beide wissen, dass du mehr bist, als Zeit und Raum offenbaren.
Und wir beide wissen, dass es da draußen jenseits von Zeit und Raum ein höheres Selbst gibt, ein größeres Du.
Es ist nicht wichtig, ob du es Schutzengel, deine Seele oder dein höheres Selbst nennst.
Nun, es ist an der Zeit, sich vorzustellen.
Ich bin's!,
das Universum

PS: Du hast doch nicht irgendeine kleine Fee erwartet, oder?

Das Universum als Ganzes ist deine andere Hälfte. In ihm hat deine Kommandogewalt ihren Ursprung. Deine andere Hälfte ist viel mehr als eine kleine Fee, die deine Interessen wahrt, oder als eine Schar Engel. Deine Angehörigen, Freunde und Nachbarn sind deine andere Hälfte. Menschen, die jetzt gerade in China den Weg zu ihrem Arbeitsplatz zurücklegen, sind deine andere Hälfte. Ich, Mike Dooley, bin deine andere Hälfte. Es gibt *nichts und niemanden,* das und der du nicht bist. So eng sind wir miteinander verbunden. Wir sind alle eins. Deshalb bist du so mächtig. Deine Macht hat keine Grenzen. So allumfassend bist du. Mit deinem Namen, wie er auch lauten mag, und mit deiner einzigartigen Persönlichkeit und mit deinen Perspektiven, die deinen Blick auf die Welt bestimmen, bist du in dieser Inkarnation in Zeit und Raum nichts anderes als die Augen und Ohren des Universums und eine Ergänzung der Gesamtheit Gottes. *Weil du Gott in Reinform bist!*

Du bist das Universum. Und deine Kommandogewalt wird dir verliehen durch deine Fähigkeit, deine Gedanken selbst zu wählen und in jede gewünschte Richtung auszusenden. Ein selbstbestimmtes Leben setzt lediglich voraus, dass du lernst, wie du im Blick behältst, was du willst – trotz all der unerwünschten bereits existierenden Manifestationen, die aufgrund früherer Gedanken zustande gekommen sind.

***Du* bist das Universum. Und deine Kommandogewalt wird dir verliehen durch deine Fähigkeit, deine Gedanken selbst zu wählen und in jede gewünschte Richtung auszusenden.**

Gedanken werden Dinge

Die Maxime *Gedanken werden Dinge* erklärt umfassend, auf welche Weise uns die Herrschaft über alle Dinge anvertraut wurde. Dies ist keine Maxime, die nur unter bestimmten Umständen gilt; sie gilt unter allen Umständen. Sie bezieht sich nicht nur auf unsere positiven Gedanken; genauso zuverlässig arbeitet sie bei allen unseren übrigen Vorstellungen. *Gedanken werden Dinge* ist ein unabänderliches Gesetz, das keiner von uns jemals außer Kraft setzen kann. Es ist ebenso vorhersehbar und zuverlässig wie das Gesetz der Schwerkraft. Das ist eine Ehrfurcht gebietende Mitteilung, denn wir dürfen vierundzwanzig Stunden am Tag über unsere Gedanken entscheiden. Auf der Basis dieser Maxime können wir praktisch alles in unser Leben holen, was uns nur vorstellbar ist. Und wir sind dabei keineswegs auf den Erwerb materieller Dinge beschränkt; es steht uns frei, uns mehr Liebe, mehr Freude und mehr Lachen vorzustellen.

Das Beste ist, keiner von uns muss erst lernen, wie aus unseren Gedanken Dinge werden können – wir müssen ja auch nicht lernen, wie die Erdanziehungskraft funktioniert, um nicht von unserem Planeten zu fallen. Es reicht vollkommen aus, wenn wir uns die Gültigkeit der Maxime bewusst machen und unsere Herangehensweise an das Leben diesem Wissen anpassen. Dann können wir uns die universellen Kräfte der Natur zunutze machen. Das ist mein Angebot an dich, und es beginnt mit dem ersten Schritt: zu begreifen, welche Macht du besitzt.

* * * Auszeit * * *

Glaubst du nun etwa, dass meine Vorstellung von *Gedanken werden Dinge* dich dazu anspornen soll, dein Leben mit Hilfe von Tagträumereien zu verbessern? Dass ich dich mit meiner Botschaft auffordere, tagein, tagaus zu Hause auf dem Sofa zu visualisieren und darauf zu warten, dass Günther Jauch dich zu »Wer wird Millionär?« einlädt?

Dieser Fehlinterpretation meines Ansatzes möchte ich vorbeugen und darauf hinweisen – und das betone ich in allen meinen Veröffentlichungen! –, dass Veränderungen nur dann eintreten können, wenn du ausgerichtet auf das von dir gewünschte Ergebnis tätig wirst. Das Tun ist eine zwingende und entscheidende Voraussetzung für jegliche Veränderung. In den nachfolgenden Kapiteln werde ich mich mit diesem Thema noch eingehender befassen.

Die Minimalvoraussetzung für Veränderungen – das dürfte klar sein – ist die Fortsetzung deines Lebens hier in dieser Welt und die Integration meiner Vorschläge in deinen Alltag. Ich bin jedoch überzeugt, dass jeder, basierend auf meinen Tipps in diesem Buch, in seinem eigenen Sinne letztlich sogar noch mehr tun wird. Hier, im ersten Kapitel, beschreibe ich lediglich die Grundvoraussetzungen unserer gemeinsamen Wirklichkeit und will vor allem klarstellen, dass unsere gesamte physische Welt auf unseren Gedanken errichtet ist. Wir existieren in einer holografischen Welt der Illusionen, die wir auf eine Art und Weise ins Leben projizieren, die unser Verständnis weit übersteigt. Um Konsistenz und Kontinuität zu gewährleisten, geschieht dies in Übereinstimmung mit irgendeiner Art von Energienetz oder -matrix. Dieses Netz kommt uns zugute, weil es für uns ein »Spielfeld« auslegt und uns mit geografischen Referenzpunkten, physikalischen Gesetzen und vielem mehr versorgt, das unsere Orientierung erleichtert.

Es spielt für uns keine Rolle, wie wir mit unseren Projektionen Zeit und Raum formen. Doch wenn wir wissen, dass wir unsere illusionäre Welt durch unsere Gedanken erschaffen, erhalten wir einen Zugang zur willentlichen Herstellung von Veränderungen – indem wir zunächst Einfluss auf unsere Gedanken nehmen. Selbstverständlich kann die physische Welt nicht über Nacht reagieren, doch bereits unsere ersten Erfolge (anhand derer wir deutlich erkennen, wie unsere Gedanken unser Leben beeinflussen) sind Beweis genug, dass sich verändertes Denken tatsächlich auf die weitere Entwicklung unseres Lebens auswirkt.

Das zu begreifen, deine Kommandogewalt zu erkennen, ist der Ausgangspunkt für alle Veränderungen.

* * *

Gedanken werden Dinge. Wenn du dich einsam fühlst, dann beschäftige dich mit dieser Maxime. Wenn du pleite bist, dann beschäftige dich mit dieser Maxime. Wenn du Antworten, Inspiration, Ideen oder Kreativität suchst, dann beschäftige dich mit dieser Maxime. Sie ist deine Erlösung – im wahrsten Sinne des Wortes der heilige Gral. Es bringt gar nichts, Gebete als Fragen zu formulieren. »Da draußen« gibt es keinen Gott, der dich hören kann. In deinem Leben geht es um dich und deine Projektionen (um den Gott, den du zum Vorschein bringst und in dein Leben projizierst). Um mit Hilfe deines Willens Veränderungen herbeizuführen, egal welche, musst du dich zuerst nach innen wenden.

Es bringt gar nichts, Gebete als Fragen zu formulieren.

Man könnte fast sagen, dass unsere Gedanken, indem sie versuchen, zu den Dingen und Ereignissen unseres Lebens zu werden, die Sonne, den Mond und die Sterne neu anordnen. Berge werden versetzt. Freunde herbeigerufen. Neue Quellen erschlossen. Ideen heraufbeschworen. Inspiration, Motivation und Mut bereitgestellt. Wenn wir einsehen, dass unsere Gedanken ganz von allein zu Dingen werden, wenn wir aufhören, jedes Detail unseres Vorankommens auf der Basis unserer äußerst eingeschränkten physischen Wahrnehmung kontrollieren zu wollen, läuft alles mit unglaublicher Leichtigkeit ab.

Das *verflixte Wie*

Unsere Detailversessenheit, wenn es um die einzelnen Schritte unseres Vorankommens geht, wird von vielen als die eigentliche »Ursünde« begriffen. Ich selbst spreche lieber vom Herumpfuschen mit dem *verflixten Wie.* Wenn wir unser Verhalten so mit der physischen Welt verknüpfen, als sei sie gewachsener Fels, dann scheint mir das unsere eigentliche Sünde zu sein. Typischerweise tun wir dies, indem wir unsere physischen Sinne nutzen, um Schlüsse zu ziehen: über uns, andere Menschen und über die Welt und ihren Lauf. Dann wollen wir auf der Basis dieser unserer physischen Wahrnehmungen und unter vollständiger Missachtung aller tieferen spirituellen Dimensionen (nämlich unserer Gedanken) Veränderungen bewirken.

Adam und Eva

Bekanntermaßen waren Adam und Eva, weil sie in den Apfel der Erkenntnis bissen, die ersten beiden Menschen, die in Ungnade fielen und den Garten Eden verlassen mussten. Für mein Dafürhalten ist diese Geschichte eine Metapher für spirituelle Wesen (wie wir alle es sind), die in dem faszinierenden, aber dennoch *vollkommen illusionären* Dschungel von Zeit und Raum leben. Der Apfel war natürlich deshalb eine Verlockung, weil er so real erschien, obwohl die beiden es besser wussten (das Wissen um die Gefahr wird symbolisiert durch Gottes Warnung davor, vom Apfel zu kosten).

Indem sie in den Apfel bissen, erlagen Adam und Eva der Versuchung, lieber an die Welt zu glauben, wie ihre physischen Sinne sie ihnen präsentierten, statt an das, was ihnen ihr inneres Wissen offenbarte. Ab sofort erkannten sie die Welt nicht mehr als Illusion, sondern hielten sie für Wirklichkeit. Wer würde schließlich in eine Illusion beißen? Seither ließen sie sich in ihrem Verhalten von den Illusionen von Zeit und Raum leiten, wie ihre physischen Sinne sie wahrnahmen. Die Sündenfall-Geschichte berichtet davon, dass wir vergessen haben, was wirklich ist und wie ein Leben in Zeit und Raum geführt werden muss. Darum auch der Ausspruch »befreiende Wahrheit«, denn sie wird uns Illusionen als das erkennen lassen, was sie sind, und damit auch unsere wahre Macht und unser Einssein mit Gott.

Doch ein echtes Problem stellt das alles gar nicht dar. Man könnte sogar sagen, es war von vornherein so geplant. Außerdem sind wir ohnehin unsterblich und werden die Sache ganz gewiss in den Griff bekommen. Und so lange verdanken wir es unserem Glauben an diese Illusionen, dass er unser Abenteuer in Zeit und Raum überhaupt erst ermöglicht. Doch der Preis für die tagtägliche Wiederholung dieser Ursünde (d. h., daran zu glauben, dass die Illusionen realer sind als der Geist und die Gedanken, die sie überhaupt erst erschaffen) besteht darin, dass wir in diesen Illusionen »feststecken«. Statt zu erkennen, dass wir selbst die Illusionen erschaffen, reagieren wir auf sie, ermöglichen ihren Fortbestand und liefern uns der zwangsläufig folgenden Hölle der Machtlosigkeit aus. Denn schließlich werden unsere Gedanken ja zu den Dingen und Ereignissen unseres Lebens!

Das *verflixte Wie* übernimmt das Ruder, wenn wir uns vorrangig unserer physischen Sinne bedienen, um zu entscheiden, *wie* unsere Träume und Wünsche wahr werden sollen. Tatsächlich haben aber natürlich jegliche Manifestationen ihren Ursprung in unseren Gedanken, und es gehört viel mehr dazu, Träume wahr zu machen, als wir uns mit unseren winzigen Gehirnen vorstellen können. Und weil wir unsere tödliche Unfähigkeit zur zielführenden Planung spüren und dennoch auf physisches Vorankommen bestehen, fühlen wir uns leicht überfordert, bekommen es mit der Angst zu tun und drehen manchmal sogar vollkommen durch! Doch sobald wir die Wahrheit hinter einer beliebigen Manifestation erkennen, sind wir frei, Veränderungen aus unserem Inneren heraus in Gang zu setzen. Wir entwickeln eine Vision und treten an, um uns die Magie des Lebens zunutze zu machen und den eigentlichen Weg zu unserem Ziel mit all seinem *Wie* der göttlichen Intelligenz zu überlassen.

Gruß vom Universum

Zwar gibt es so etwas wie »Gericht«, »falsch« oder
»Sünde«, was man dir vermutlich beigebracht hat,
tatsächlich nicht, doch Konsequenzen gibt es sehr wohl.
Und kannst du dir vorstellen, welche Folgen es hat,
wenn man Aussagen wie »Wir sind eins«, »Alles ist
Liebe« oder »Gedanken werden Dinge« missversteht?
Uff!
Ich habe mich wirklich bemüht, alles zu bedenken.
Das Universum

PS: Auf lange Sicht räumen die Konsequenzen mit
diesen Missverständnissen natürlich gründlich auf.

Die Wahrheit über die Hölle

Wenn du mit dem *verflixten Wie* herumpfuschst, dann geschehen zwei folgenschwere Dinge: Erstens, du lädst dir selbst die Last der Welt auf die Schultern, weil du glaubst, die Reise zu deiner Wunscherfüllung bis ins kleinste Detail selbst planen zu müssen. Doch wer diese Strategie verfolgt, den kann die Magie des Lebens nicht durch »zufällige« Ereignisse und Begegnungen erreichen: Jemand, der auf einer Entwicklung genau nach seinen Vorstellungen beharrt, lässt solchen Zufällen ja keinen Raum. Jede Enttäuschung fühlt sich an wie ein gravierender Rückschlag. Frustration lauert hinter jeder Ecke. Manchmal fühlt sich die Reise so an, als würde man gegen seine Träume ankämpfen, statt ihrer Erfüllung entgegenzusegeln. Was du dir wünschst, ist nun plötzlich dein Feind, die Ursache für dein Unbehagen und deine Depression, und du fühlst dich im Angesicht deiner Ziele vollkommen machtlos.

Zweitens zwingst du mit deiner Vorgehensweise dem ansonsten grenzenlosen Universum Grenzen auf. Mit deinem *verflixten Wie* bindest du ihm die Hände, obgleich das Universum doch immer den schnellsten, kürzesten und harmonischsten Weg zur Erfüllung deiner Herzenswünsche kennt. Wenn du dir dessen bewusst wärest, dann würdest du das nötige Vertrauen aufbringen, damit das Universum die Sache für dich erledigt (während du weiterhin den Kurs vorgibst, wie ich im zweiten Kapitel und auch später noch erläutern werde). Doch weil wir meinen, dass das Leben anders funktioniert, fehlt uns das Vertrauen, und wir müssen uns mit den Details abrackern und mit dem *verflixten Wie* herumpfuschen.

Wenn sich das *verflixte Wie* in ein *verflixtes Wer* verwandelt

Ein schlagendes Beispiel für das Herumpfuschen mit dem *verflixten Wie* ist der Wunsch, eine ganz bestimmte Person als Lebensgefährten zu gewinnen. Eine häufige Folge sind gebrochene Herzen. Mit unseren physischen Sinnen beurteilen wir den Abglanz der Welt und ziehen Schlüsse, als wären wir fähig, alle vorhandenen Möglichkeiten auf einmal zu sehen.

Wie viele Menschen kennst du wirklich gut? Zehn? Fünfzig? Einhundert? Zweihundert? Und wie viele kennt dein höheres Selbst, das Universum? Wäre es folglich nicht vernünftiger, dem Universum die Auswahl deines idealen Partners aus Milliarden zu überlassen, statt selbst unter hundert Menschen auszuwählen? Bei der Wahl des richtigen Partners solltest du dich nicht auf deine beschränkte Wahrnehmung der Wirklichkeit stützen. Wenn du dich in dieser Frage dem Universum anvertraust, dann ist die Möglichkeit, dass dein zukünftiger Lebensgefährte aus deinem relativ kleinen Umfeld stammt, nicht nur enthalten, du bist außerdem auch noch offen für jemanden, den du noch gar nicht kennst.

Jedenfalls so lange, bis du dich darauf festlegst, dass dein Seelengefährte aus deinem engeren Umfeld stammen muss: »Ach bitte, liebes Universum, lass doch Eva meine Seelengefährtin sein! Sie ergänzt mich. Bitte sorg doch dafür, dass Eva mich genauso liebt wie ich sie!« Aber was ist, wenn deine ideale Partnerin Sarah ist, die du erst noch kennenlernen musst? Weil du auf der Basis deiner eingeschränkten Wahrnehmung auf Eva bestehst, bist du für Sarah gar nicht mehr offen! Du verschließt dich und schneidest dir damit die Möglichkeit ab, Sarah kennenzulernen, und das alles nur, weil du darauf bestehst, das *Wie* (oder in diesem Fall das *Wer*) zu kontrollieren. Weil du davon träumst, Eva als Partnerin zu gewinnen. Du selbst hinderst dich daran, eine für dich noch bessere Partnerin zu finden, weil du auf Eva beharrst. Doch es geht gar nicht um Eva, sondern um dich und deine ideale Partnerin. Sei versichert, wenn du deine Scheuklappen ablegst und schließlich deine »Sarah« kennenlernst, wer auch immer sie sein mag, wirst du dich für Eva nicht mehr die Bohne interessieren. »Schau mal, Sarah, da drüben beim Gemüsestand ist Eva. Ich kenne sie von der Arbeit und mochte sie sehr. Nicht so, wie ich dich mag, aber sie ist nett. Hoffentlich findet sie bald den richtigen Partner.«

Wenn das *verflixte Wie* nichts einbringt

Wir sind in einer spirituell unterentwickelten Gesellschaft aufgewachsen, die fälschlicherweise davon ausgeht, dass wir, bevor wir in unserem Leben etwas verändern können, erst einmal wissen müssen, *wie* wir das anstellen wollen! Diese Prämisse kann uns in unserem Traum von Wohlstand und Fülle sehr einschränken. Wir fragen uns: »Wie nur soll ich das zuwege bringen?« Wir können uns endlos ausmalen, wie wir in unerschöpflichem Reichtum leben, doch sobald es zur Sache geht, bekommen wir kalte Füße. Dann fällt uns plötzlich ein: »Jetzt weiß ich wie! Ich schreibe ein Buch! Beckmann wird mich in seine Talkshow einladen! Und die Welt wird mir zu Füßen liegen!« Wenn wir dann ein paar Tage später unsere To-do-Listen schreiben, sind wir entmutigt, überlastet und von uns selbst abgestoßen.

Sobald wir uns mit dem *verflixten Wie* abgeben, verursachen wir unbewusst eine Neuprogrammierung unseres Gehirns und erzeugen Überzeugungen und Erwartungen. Und dann bürdest du deinem Traum, ein Buch zu schreiben, die Last auf, damit reich und berühmt zu werden – eine offensichtliche Überforderung für den Nichtschriftsteller! Stell dir nur vor, wie du deine Kreativität ausbremst, wenn du meinst, dies sei dein einziger Weg zu Wohlstand und Fülle!

Ich selbst habe es auf diese Weise mehr als einmal versucht. Dabei habe ich gelernt: Wenn du ein Buch schreiben, einen Apparat erfinden oder eine Firma gründen willst, dann tu es, weil du alles an dieser Vorstellung großartig findest und nicht, weil du darin das *Wie* erblickst, mit dem du irgendeinen anderen Traum verwirklichen kannst. Das Universum kennt zahllose Wege zur Verwirklichung deiner Träume. Doch wenn du dich auf deine physischen Sinne verlässt und »ganz logisch« schlussfolgerst: »Auf diesem Weg wird mein Traum wahr!«, dann verbarrikadierst du alle anderen Wege, die ebenfalls zum Ziel führen könnten. Du setzt dich selbst grenzenlos unter Stress, während du zugleich dem Universum mit seinen unendlich vielen Möglichkeiten die Tür vor der Nase zuschlägst.

Gruß vom Universum

Weißt du eigentlich, wie viele Prinzessinnen von ihrem Prinzen nicht erkannt wurden, nur weil er sich auf seinen logischen Verstand verlassen hat? Oder wie viele Prinzen von ihrer Prinzessin übersehen wurden, weil ihr der eigene Stolz im Weg stand? Wie viele Hoffnungen zerstört wurden, weil die Magd die Tür geöffnet hat? Oder weil das Pförtnerhaus mit dem Herrenhaus verwechselt wurde? Oder weil die Ruhe vor dem Sturm der Fülle und des Glücks als Signal zum Rückzug gedeutet wurde?
Zum Glück haben wir alle Zeit der Welt. Und zum Glück ist es nie zu spät, um zu sehen, was man verpasst hat. Dann können wir uns immer noch auf den Traum konzentrieren und mit unerschütterlichem Vertrauen auf das Ziel zugehen.
Auf geht's!
Das Universum

PS: Aber nein, alles in Ordnung mit der Magd! Sie ist drangeblieben, bis ihr Prinz seinen Auftritt hatte. Zusammen haben sie das Herrenhaus geerbt und bis an ihr Lebensende im Glück gelebt.

Mehr brauchst du nicht zu wissen

Deine Gedanken werden Dinge. So war es schon immer, und so wird es immer sein. Das ist dein göttliches Erbe. Mit seiner Hilfe kannst du dein Leben verändern. Diese Maxime ist die Antwort. Sie ist die Lösung. Sie ist die Rettung für alle, die sie durchschauen. Sie offenbart dir deinen Platz in der Schöpfung und bestätigt dich als Schöpfer. Du selbst erschaffst dir deine Ecke der Welt und alles, was du in ihr erlebst.

Als ich vor Jahren mit meinem Leben Schiffbruch zu erleiden schien, konnte ich mir die Zusammenhänge zwar noch nicht erklären, doch immerhin wusste ich schon etwas mit den Grundsätzen unserer Wirklichkeit anzufangen. Ganz allgemein wusste ich, wie die Dinge funktionieren und dass ich mitmachen musste, wenn ich etwas verändern wollte. Und weil mir klar war, dass meine Gedanken zu den Dingen und Ereignissen meines Lebens werden, sah ich ein, dass es mir nicht weiterhelfen konnte, wenn ich ein unbekanntes Universum außerhalb meiner selbst um Glück oder eine wundersame Wende anflehte. Wenn ich wieder Kurs aufnehmen wollte, dann mussten die Veränderungen aus mir selbst kommen. Ich wusste, wenn ich mich auf den Hosenboden setze, sorgsam auf meine Gedanken, Worte und Taten achte, meine Überzeugungen mit meinen Träumen in Einklang bringe und aktiv auf mein Ziel zugehe, dann ist das genug, um alles zu verändern. Also stach ich in See und bestimmte meinen Kurs – und das kannst du auch.

Zusammenfassung

- Zu begreifen, wie das Leben funktioniert, welche Macht wir haben und wo ihre Quelle ist, wirkt nicht nur befreiend, sondern legt auch die Grundlage, auf der wir unser Leben nach unseren Vorstellungen formen können.
- Es gibt einen Gott (das Universum, die göttliche Intelligenz), aus dem wir erschaffen und mit dem wir eins sind.

Folglich sind wir ein Teil dieses Gottes und erwachen in diesem Traum vom Leben zum Leben.

- Wir sind die Schöpfer unseres alltäglichen Erlebens; unser Fokus macht uns zum Schöpfer. Es ist eine Maxime des Lebens, dass unsere Gedanken im wahrsten Sinne des Wortes zu den Dingen und Ereignissen unseres Lebens werden.
- Die Maxime *Gedanken werden Dinge* bestätigt und erklärt umfassend, dass uns tatsächlich die Herrschaft über alle Dinge anvertraut wurde.
- *Wie* unsere Gedanken zu Dingen und *wie* unsere Träume wahr werden, können wir weder wissen noch vorausberechnen. Wer sich in dieser Hinsicht festlegt, der schränkt die Magie des Lebens ein.
- Das Universum – unser »höheres Selbst« – kennt immer den kürzesten, schnellsten und harmonischsten Weg zur Verwirklichung unserer Träume.

Anregende Übungen

Deine Gedanken, die Dinge geworden sind

Woran hast du gerade gedacht? Nur selten nehmen wir wahr, dass sich viele unserer früheren Gedanken in unserem gegenwärtigen Leben bereits verwirklicht haben. Wirf heute einen Blick auf dein Leben, auf die materiellen Güter, die du erworben hast, die Beziehungen, die du aufgebaut und gepflegt hast, die Erfahrungen, die du gemacht hast, und auf den Menschen, zu dem du geworden bist. Welche deiner Gedanken haben sich bereits verwirklicht im Hinblick auf:

- deine Arbeit und Karriere,
- deine Beziehungen zu anderen Menschen,
- dein Zuhause,
- dein soziales Umfeld,
- deine Gesundheit und dein äußeres Erscheinungsbild?

Halte deine Antworten in einem Tagebuch oder auf einem Blatt Papier fest. Verfahre auf gleiche Weise mit deinen Gedanken zu allen weiteren Lebensbereichen, die dir einfallen.

Deine Gedanken, die Dinge werden

In welche Richtung würdest du dein Leben gerne verändern, und wie sähe es dann aus? Nutze diese Übung, um eine Vision zu entwickeln, unter Zuhilfenahme von Worten oder Bildern. Entwirf ein Bild deines erträumten Lebens und kümmere dich dabei nicht um das Wie. Bediene dich auch hier wieder deines Tagebuches oder einer anderen Kladde. Zieh all die Bereiche in Betracht, in denen du dir eine Veränderung wünschst. Du kannst dich dabei an der Aufzählung in der ersten Übung orientieren.

ZWEITER SCHRITT:
Den Kurs festlegen und in See stechen

Wenn wir das Universum und die Magie des Lebens wirksam für uns einspannen wollen, dann müssen wir im zweiten Schritt den Kurs bestimmen, um uns die Richtung vorzugeben. Selbstverständlich haben wir alle das Bedürfnis nach Richtungsvorgabe, denn schließlich suchen wir seit jeher nach der Antwort auf die Frage: »Was soll aus mir werden, wenn ich groß bin?« Am Ende dieses Kapitels kennst du die Antwort oder bist auf dem besten Weg, sie innerhalb von Wochen, wenn nicht gar Tagen zu finden.

Ich gehe zunächst davon aus, dass du noch nicht genau weißt, wohin du mit deinem Leben willst, und dass du deshalb auch keine Ahnung hast, was du anfangen könntest, damit du eines Tages dorthin gelangst. Wenn du meinst, bereits auf dem richtigen Weg zu sein, dann kann dir dieses Kapitel als Bestätigung dienen oder dir helfen, dein Vorankommen noch ein wenig zu beschleunigen.

Wir wollen den Prozess so einfach wie möglich halten. Um einen Kurs festzulegen, musst du nur drei Dinge wissen. Und selbst wenn du zunächst nicht auf alle drei Fragen eine Antwort hast (was vermutlich zutrifft, denn sonst würdest du dich nicht fragen, was du werden sollst, wenn du »groß« bist), werden sie sich schließlich wie von selbst finden, sobald du einfach da anfängst, wo du jetzt gerade stehst, und aktiv wirst.

»Den Kurs festlegen und in See stechen« hört sich in deinen Ohren vielleicht nach mehr Arbeit an, als wirklich erforderlich ist. Dieses Kapitel will dich auf den Weg bringen, indem es dir den Prozess leichter macht, als du dir das jemals selbst gestatten könntest. Nachfolgend die drei Fragen:

1. Was will ich? (Das Ziel anpeilen.)

2. Wo stehe ich heute? (Die Ausgangsposition bestimmen.)

3. Welchen Weg will ich nehmen? (Den Kurs festlegen.)

Was will ich?

Menschen, die mit meiner Hilfe herausfinden wollen, was sie mit ihrem Leben anfangen sollen, stellen mir gerne Fragen wie diese: »Wie kann ich meine ganz spezielle Nische finden?« – »Wie finde ich den Sinn im Leben?« – »Woher soll ich wissen, was ich mit meinem Leben anfangen soll?«

O weh! Siehst du, wie aus der ursprünglichen Frage – »Was will ich?« – auf ganz subtile Weise ein Haufen Mutmaßungen geworden ist? Diese Mutmaßungen machen es uns unmöglich, die ursprüngliche Frage zu beantworten, und haben gar nichts mehr damit zu tun, was du wirklich *willst,* nicht wahr?

Im ersten Kapitel haben wir uns mit dem Wesen unserer Wirklichkeit befasst und erkannt, dass du ein Schöpfer mit Kommandogewalt bist. Du schlingerst jetzt durch die Ewigkeit, entdeckst dich selbst, dein spielerisches Wesen und deine unglaublichen Kräfte neu. Du bist nicht hier, um irgendjemanden zu retten! Du bist nicht hier, um irgendeine Karrierenische zu besetzen! Du bist nicht einmal hier, um herauszufinden, was für dich der richtige Job ist!

Du bist hier, weil du als Fragment Gottes hier sein wolltest. Du bist hier, weil du beobachten willst, welche Folgen deine Entscheidungen haben. Du bist hier, weil du Abenteuer suchst. Du bist hier, um dich von deiner Sehnsucht leiten zu lassen. *Du bist hier, um du selbst zu sein!*

Du bist hier, weil du als Fragment Gottes hier sein wolltest.

Du bist kostbar und einzigartig. Deine Existenz als der Mensch, der du warst, bist und sein wirst, ist ein lebenswichtiger Teil des Ganzen. Deine Erkenntnisse sind unersetzbar; mit deinen Augen siehst du ein Bild von der Welt, das niemals zuvor ein Mensch gesehen hat. Mit deinen Ohren hörst du, was noch nie gehört wurde. Was du in deinem Herzen fühlst, hat noch nie zuvor jemand vor dir empfunden. Und mit diesem Geschenk des Lebens musst du nichts weiter anfangen, als einfach nur du selbst zu sein.

Das Leben ist vom Anfang bis zum Ende ein Entdeckungsprozess, ein Abenteuer, ein Spaß-und-Spiel-Spektakel. Es gibt weder Voraussetzungen noch Bedingungen. Du kannst alles bekommen, was du willst. Das bedeutet, es gibt kein *Sollte! Sollte* unterstellt Grenzen und Verpflichtungen. Oder es verlangt von dir, dass du dir Sorgen darüber machst, was andere von dir denken, ob du in irgendein Raster passt, genug Geld verdienst oder etwas Ähnliches. Ein *Sollte* ist in keiner Weise nützlich und bringt dich nicht weiter.

Und was geschieht, wenn du zu der ursprünglichen, inzwischen längst vergessenen Frage zurückkehrst, die all die Verwirrung ausgelöst hat: »Was *will* ich?« Diese Frage, dein ursprüngliches göttliches Begehren, verwirft jegliches *Sollte* und stellt die Orientierung wieder her, weil sie deinen Blick auf die Welt wieder in den Mittelpunkt rückt und dir eine klare Positionsbestimmung ermöglicht. Deine Position aber ist der Ausgangspunkt für deinen Kurs. In vielen Fällen wird dich diese Rückkehr zu dir selbst auch ins Hier und Jetzt zurückholen. Du führst dein Leben nicht mehr ausschließlich mit dem Blick in die Zukunft, denn deine Frage bezieht sich vor allem darauf, was du *jetzt* willst.

Diese Heimkehr zur Frage nach der eigenen Sehnsucht und damit zur Wurzel aller Dinge richtet sich nicht nur auf berufliche Entscheidungen, die dein Leben verändern; sie zielt auf *alle* Dinge, selbst auf die einfachsten. Wir gehen dem *Sollte* deshalb so leicht in die Falle, weil in unserer Gesellschaft die Meinung herrscht, man müsse das *Sollte* und das *Wie* sortiert haben, um nicht als verantwortungslose Landratte dazustehen. Schließlich wird uns niemand diese Arbeit abnehmen! Doch dieses Denken lässt die spirituelle Seite des Lebens vollständig unter den Tisch fallen: unser göttliches Erbe und die Magie, zu der wir immer Zugang haben.

Wenn zum Beispiel das Wochenende vor der Tür steht, dann denke ich manchmal bei mir: »Was *soll* ich dieses Wochenende unternehmen?« Oder wenn das Schreiben eines neuen Buches oder eines neuen *Grußes vom Universum* ansteht, dann denke ich: »Hm, was *soll* ich bloß schreiben?« In diesen spirituell unterentwickelten Zeiten, in denen wir leben, haben wir ständig das *Sollte* im Sinn. Und um die Sache noch schlimmer zu machen: Die meisten Menschen glauben tatsächlich, dass Veränderungen in ihrem Leben entsprechende physische Anstrengung voraussetzen. Außerdem lassen wir alle uns in unserem Drang nach Veränderung von den Vorstellungen der Welt (der *Illusion*) leiten und müssen uns dann auch noch anhören, was für schlimme Egoisten wir sind, wenn wir unsere eigenen Ziele verfolgen, statt die Bedürfnisse anderer voranzustellen.

Wenn ich mich stattdessen frage: »*Will* ich an einem neuen Buch arbeiten?«, dann fällt mir die Antwort leichter.

Oder wenn ich die Frage zu meinen Wochenendplänen so formuliere: »*Will* ich hierhin oder dorthin gehen?« Die Formulierung »Mit wem oder womit *will ich* meine Zeit verbringen?« macht die Selbstprüfung immer authentischer. »Wem oder welcher Sache *will ich* in meinem Leben Priorität einräumen?« Das ist eine leicht zu beantwortende Frage.

Die Klarheit wächst, wenn man *soll* durch *will* ersetzt. Das fällt dir leichter, wenn du durchschaust, welchen Vorteil dir das *Sollte* vermeintlich verschafft: Geborgenheit, Sicherheit oder sogar Fülle. Doch das Universum und die Magie des Lebens (sobald du sie vor deinen Karren gespannt hast) können dir all diese Dinge leichter verschaffen, als du selbst es durch die Wahl des richtigen *Sollte* vermagst. Das Universum und die Magie des Lebens spielen dann am besten mit, wenn du selbst glücklich und zufrieden mit dem bist, was du tust.

Falls du noch nicht davon überzeugt bist, dass die Magie des Lebens auf alles Einfluss nimmt, dann bedenke, dass jeder berufliche Weg und jedes Bestreben bereits von anderen Menschen mit mehr oder weniger Erfolg gewählt wurde. Bremse dich also nicht in deinen Träumen. Folge deinem Herzen, tu das, was du willst, und gestatte es der Magie des Lebens, sich zu entfalten.

Der folgende *Gruß vom Universum,* mein allerliebster, soll dir helfen, Klarheit zu finden und verbliebene Anflüge von *»Ich sollte …«* zu vertreiben:

Gruß vom Universum

Meinst du, ich würde schließlich die belohnen,
die ein Dasein in Armut führen? Meinst du, diejenigen,
die sich von einem Gehalt zum nächsten abplagen,
werden eher in das Königreich eingehen als jene,
die im Elfenbeinturm leben? Meinst du, ich beachte
deine Opfer besonders? Dass ich mich freue, wenn du
die Bedürfnisse anderer den deinen voranstellst?
Meinst du, ich gebe denen den Vorzug, die ein
spirituelles Leben führen?
Um die Wahrheit zu sagen: Nein, das tue ich nicht.
Ich liebe dich, gleichgültig, welche Regeln du dir
auch ausdenkst.
Du weißt ja: Bedingungslosigkeit …
Das Universum

Für manche wird sich dieser Gruß wie ein Schlag ins Gesicht anfühlen. Und du, erkennst du die absolute Wahrheit darin? Die Alternative würde ja bedeuten, dass die göttliche Intelligenz nicht nur Vorurteile kennt, sondern auch noch Vorlieben pflegt, was wiederum heißen würde, dass Gottes Liebe an Bedingungen geknüpft ist. Es ist schon lustig, wenn man Leute über bedingungslose Liebe reden hört, wo sie doch praktisch nie existiert. Versteckt hinter der Empfindung stehen unausgesprochene Gedanken wie »Solange du mich liebst, vernünftig bist und mich mit Respekt behandelst – solange du mich liebst, wie ich dich liebe, niemandem weh tust …« und so weiter. Es tut mir leid, aber all dies sind heimlich gestellte Bedingungen. In der Liebe, die das Universum uns entgegenbringt, kommen solche Bedingungen nicht vor. So einfach ist das. Du hast *jeden* Rückhalt. Du bist *würdig,* du verdienst *alles,* was immer du dir wünschst, und du kannst alles bekommen.

Um zum Ausgangspunkt zurückzukehren und mit der Kursfestlegung voranzukommen: Du beginnst dort, wo du dich gerade befindest, und ermittelst, was du willst. Mit der Antwort auf diese Frage findest du zu dir selbst und begreifst, dass du fähig und würdig bist, ein Leben zu führen, das auf deinen eigenen Wünschen aufbaut.

* * * Auszeit * * *

Wir haben uns in den Zweigen des Baums der Erkenntnis und in unserer vermeintlichen Logik verheddert. Aber das ist nicht der einzige Grund, weshalb wir nur schwer zu einer Aussage darüber kommen, was wir wirklich wollen, und weshalb wir gerne unsere Verpflichtungen den Bedürfnissen voranstellen. Schuld ist auch die falsche Überzeugung, dass der Mensch eine Art Bestie ist, eine Ausgeburt der Sünde, angetrieben von einem geheimnisvollen Unbewussten, für alles Schlechte anfällig und vom Schicksal dazu bestimmt, Chaos und Verwüstung anzurichten. »Es kann nicht angehen, dass wir einfach alle tun, was wir wollen! Das wäre verantwortungslos! Gefährlich! Wir würden niemals irgendetwas erreichen!«

Für mich ist es eine schockierende Erkenntnis, dass wir als Zivilisation mit unserem weltweiten Handel, unseren atemberaubenden technologischen Fortschritten und unserer Zusammenarbeit praktisch über alle Ländergrenzen hinweg tatsächlich überwiegend erfolgreich sind. Und zwar trotz unserer spirituellen Unwissenheit, die uns daran hindert, unsere Träume zu verwirklichen und glücklich zu leben. Dieser Erfolg kam zustande *trotz* all der Schinderei und Unfreiheit. Die Annahme, an der ich mich orientiere und für die ich ständig und weltweit Bestätigung finde, besagt, dass Menschen freundlich sind, gute Absichten verfolgen, instinktiv teilen, fürsorglich und liebevoll sind. Wir sind nicht zufällig hier. Wir sind hier, weil eine Intelligenz es so beabsichtigt hat. Eine Intelligenz, so umfassend, dass sie jede Vorstellung sprengt. Am schnellsten könnten wir hier auf Erden unseren Himmel finden, wenn wir unsere eigenen Bedürfnisse allen unseren Verpflichtungen und selbstauferlegten Einschränkungen voranstellen. Die Folge wäre keineswegs ein biblisches Armageddon, sondern das Aufblühen von Freundlichkeit, guten Absichten, Geben, Fürsorge und Liebe, wie sie dieser Planet noch nie erlebt hat.

Auf diesem illusionären Planeten, auf dem unsere Gedanken Dinge werden, gibt es genug für alle. Und unser natürlicher Instinkt würde automatisch dafür sorgen, dass wir uns verantwortungsbewusst verhalten. Er würde gewiss dafür sorgen, dass auch die nächste Generation die gleichen günstigen Aussichten hätte wie wir und keinen zerstörten und vergifteten Planeten übernehmen müsste. Wenn wir auf dieser Welt miterleben müssen, wie sich gelegentlich eine sehr kleine Zahl von Menschen so schrecklich aufführt, als sei sie vom Teufel besessen, dann liegt das nicht daran, dass sie ihren Leidenschaften folgen würde. Ein solches Verhalten wird vielmehr verursacht durch die umfassende Vernachlässigung, die diese Menschen erfahren haben, und durch die daraus folgenden Spannungen, Verstimmungen und Ängste.

* * *

Aber was, wenn du nicht weißt, was du willst?

Wenn wir die eben gewonnenen Einblicke im Hinterkopf behalten und unsere Fragen auf der Basis unserer Träume neu stellen, dann verändert sich das ganze Spiel und wir haben den ersten von drei Schritten bei der Festlegung des Kurses abgearbeitet. Es sei denn, es geht dir so wie mir vor noch gar nicht so langer Zeit und du weißt nicht, was du willst! Auch ich hatte mich den größten Teil meines Lebens überwiegend mit dem *Sollte* und mit Dingen beschäftigt, die nicht wirklich wichtig sind, und darüber aus dem Blick verloren, was ich eigentlich wollte.

Ich erinnere mich daran, dass ich mir eine Sendung im *Biography Channel* ansah. Es ging um Leute, die ihren Leidenschaften folgten. Ich weiß noch, ich sagte zu Andy: »Wenn ich doch nur wüsste, was meine Leidenschaft ist, ich wäre sofort dabei. Ich wäre mit Begeisterung dabei! Ich würde alles geben!« Doch zum Zeitpunkt meines vermeintlichen Schiffbruchs wusste ich gar nicht, was ich wollte. Falls es dir genauso geht, sei versichert, auch du wirst herausfinden, was du willst. Und du wirst den Kurs finden, den du einschlagen musst, um dieses Ziel zu erreichen. All das wird in den nachfolgenden Kapiteln abgedeckt. Sobald du dein Bestes gibst – unter Einsatz dessen, was du hast, beginnend dort, wo du heute stehst –, findest du Antworten auf deine Fragen.

Wo du heute in deinem Leben stehst, ist nicht identisch damit, *wer* du bist.

Wo stehe ich heute?

Diese Frage ist von den dreien am leichtesten zu beantworten, es sei denn, du machst es dir unnötig schwer und/oder kompliziert. Das zu vermeiden, will ich dir helfen.

Für den Anfang gehe ich davon aus, dass du noch nicht weißt, was du wirklich willst.

- Entweder tust du etwas, was dir keinen besonderen Spaß macht.
- Oder du tust nichts, hast keinen Antrieb. Dein Schiff hängt in einer Flaute fest, ob du es nun willst oder nicht (dir wurde gekündigt, du hattest einen Unfall etc.).

Welche der beiden Möglichkeiten trifft auf dich zu? Du musst dich zwischen den beiden entscheiden, um zur dritten Frage zu gelangen, die dir schließlich die Richtung weist. Doch zunächst einmal müssen wir dich von der Vergangenheit befreien und dafür sorgen, dass das Ganze schön einfach bleibt.

Wo du heute in deinem Leben stehst, ist nicht identisch damit, *wer* du bist. Du musst deinen Ausgangspunkt auch weder erklären noch rechtfertigen, um weiter voranzugehen. Die Vorstellung, wir müssten das tun, wird uns von unseren spirituell unterentwickelten Lebensumständen aufgezwungen. Man sagt uns, auf diese Weise würden wir aus unseren Fehlern lernen und könnten unser weiteres Vorankommen logisch planen (etwa indem wir einen Kurs bestimmen). Alles Unsinn!

Ich bin sehr dafür, dass wir aus unseren Fehlern lernen. Doch bevor wir aufgrund unserer gegenwärtigen Umstände voreilig zu dem Schluss kommen, wir seien irgendwie fehlerhaft, wollen wir uns doch erst einmal vergewissern, ob wir überhaupt Fehler gemacht haben. Mit dieser Thematik werde ich mich im fünften Kapitel – »Die eigenen Überzeugungen auf Kurs bringen« – noch näher befassen.

Gegenwärtig meinst du vielleicht, dass du dein Ziel noch nicht erreicht hast. Vielleicht glaubst du sogar, du seiest zwei Schritte zurückgefallen, obwohl du glaubtest, nach vorn zu gehen. Du wirst jedoch gleich erkennen, dass sowohl mit dir als auch mit deinem eingeschlagenen Kurs alles in Ordnung sein kann.

Wenn deine Wünsche bisher unerfüllt geblieben sind, liegen vielleicht tief in dir Prioritäten verborgen, die du als solche noch nicht wahrgenommen hast. Oder aber es könnte sein, dass der schnellste Weg zu deinem Ziel einen Umweg »zu deinem eigenen Besten« nötig macht. Wie auch immer, es ist eine Tatsache, dass wir uns sofort irgendwelchen Vermutungen hingeben, sobald wir meinen oder behaupten, mit uns würde etwas nicht stimmen. Das tun wir sogar dann, wenn diese Vermutungen gar nichts mit unseren vermeintlichen Rückschlägen zu tun haben.

Aus der Herangehensweise des »Erklärens und Rechtfertigens« der eigenen Situation ergibt sich ein weiteres Problem: Wir meinen nämlich, dass eine intellektuelle Analyse unseres Status quo es uns gestattet, unser Vorankommen mit Hilfe der Logik zu erzwingen. Keineswegs! Wieder der Apfel der Erkenntnis! Weg ist die Hoffnung, dein neues spirituelles Bewusstsein mit deinen nächsten Schritten in Einklang zu bringen, denn jetzt bist du dem *verflixten Wie* in die Falle gegangen. Du fragst dich, wie dein Traum denn jemals wahr werden soll, und versuchst, zur rechten Zeit am rechten Ort zu sein und der richtigen Person die richtigen Dinge zu sagen, denn schließlich kommt eine gute Gelegenheit ja nur ein Mal. Schon wieder Unsinn!

Und natürlich hinterfragt diese logische Herangehensweise auch niemals, ob *sie* es vielleicht an erster Stelle war, die dir diesen Schlamassel eingebrockt hat (auch wenn es, wie ich vorhin erklärt habe, besser ist, nicht davon auszugehen, dass du überhaupt in irgendeinem Schlamassel steckst).

Deine Aufgabe jetzt besteht lediglich darin herauszufinden, wie dein Ausgangspunkt aussieht:

- *Tust du etwas, was dir keinen besonderen Spaß macht?*
- *Oder hast du nichts zu tun, keinen Antrieb?*

Welchen Weg will ich nehmen?

Wie deine Antwort auch lautet, die nächste Frage heißt: »Welchen Weg nehme ich jetzt?« Wieder gehen wir davon aus, dass du noch nicht weißt, was du tun willst. Sonst würdest du es ja mit Begeisterung tun! Doch wenn du nicht weißt, was du eines Tages tun wirst, wie kannst du dann den richtigen Weg auswählen? Die Entscheidung für einen Kurs scheint auf dieser Basis ganz und gar unmöglich. Doch wie ich bereits gesagt habe: Du musst die Antworten auf all diese Fragen nicht kennen – nicht einmal auf die ersten beiden –, um schließlich Erleuchtung zu erfahren.

Gruß vom Universum

Wenn man den ersten Schritt auf einer Reise macht, dann ist es ganz normal, dass man sich verwundbar fühlt. Schließlich sieht es ja tatsächlich so aus, als hättest du einiges zu verlieren. Doch darf ich dich daran erinnern, dass du niemals mehr an irgendeinem Punkt deiner Reise so viel zu gewinnen hast, wie wenn du dich heute auf den Weg machst?
Ich verstehe das als Zustimmung.
Schiff ahoi,
das Universum

Du tust etwas, was dir keinen besonderen Spaß macht

Falls diese Aussage auf dich zutrifft und du außerdem nicht weißt, was du stattdessen tun willst, dann lautet mein Rat: Mach mit dem weiter, was du tust, *aber mach es besser.* Wenn du immerfort suchst und dein Blick auf der Suche nach etwas Besserem auf den Horizont fixiert ist, dann kannst du dich in deine gegenwärtige Situation nicht vollständig einbringen. Du bist nicht präsent. Ja, je mehr du ablehnst, was du machst, desto schlechter machst du es vermutlich. Doch wenn du die Aufgabe, für die du angetreten bist, nicht meisterst, dann wird sie schließlich *dich* meistern. Wenn das nicht bereits geschehen ist.

Als ich bei Price Waterhouse angestellt war, hatte ich die Gelegenheit zu erleben, welche Folgen eine solche Situation hat. Wer in den großen Vermögensberatungsfirmen in den Vereinigten Staaten seine erste Stelle nach dem Studium antritt, hasst seine Arbeit fast immer. Zum ersten Mal im Leben muss man fünf, manchmal sogar sechs oder sieben Tage die Woche jeden Morgen in aller Frühe antreten und bis spät in die Nacht arbeiten. Morgens ausschlafen, abends lange aufbleiben und die meisten anderen Dinge, die einem vorher Spaß gemacht haben, sind jetzt ausgeschlossen. Grauenvoll! Außerdem gilt in den großen Firmen der Grundsatz: Wer innerhalb der ersten drei Jahre nicht befördert wird, der wird fallengelassen. Mit anderen Worten: Wer die Aufgabe, für die er angetreten ist, nicht meistert, wird gefeuert.

Doch wenn ich von dir verlange, die Aufgabe zu meistern, für die du angetreten bist, dann heißt das nicht, dass du dafür die Goldmedaille einheimsen oder der Weltmeister sein musst. Du sollst einfach nur dein Bestes geben – dein

Bestes unter Einsatz dessen, was du hast, beginnend dort, wo du jetzt stehst. Die Einstellung spielt die entscheidende Rolle – wertschätzen, dass du Arbeit hast, sie als Sprungbrett für etwas Besseres begreifen und mit einem Lächeln im Gesicht und fröhlichen Herzens das Beste aus deiner Situation machen. Das bedeutet es, zu meistern, was vor dir liegt. Das bedeutet es, wenn du einer Sache deine volle Aufmerksamkeit schenkst.

Und du wirst es kaum glauben: Wenn man in diesen Vermögensberatungsfirmen schließlich befördert wird, dann hat das Elend ein Ende! Man hat es hinter sich! Man hat einen neuen Titel, neue Verantwortungsbereiche, vielleicht sogar Untergebene. Manchmal ergibt sich sogar eine Gelegenheit zur Spezialisierung, und mit einem Mal ist alles anders. Diejenigen jedoch, die ihre Aufgabe nicht gemeistert haben, müssen sich eine neue Beschäftigung in einem anderen Büro suchen. Wahrscheinlich müssen sie dann wieder ganz unten anfangen und hassen ihre Arbeit schon wieder.

Nach den nächsten drei Jahren in einer Firma wie Price Waterhouse wiederholt sich das Spiel: Du wirst entweder befördert oder gefeuert. Und das setzt sich fort, bis du typischerweise zwölf Jahre bei deiner Firma bist. Dann wirst du entweder Partner oder es heißt auf Wiedersehen! Im Leben erfolgen die Beförderungen nicht immer in vertikaler Richtung; sie können auch einen horizontalen oder tangentialen Charakter haben, die eine kann zur anderen führen. Doch das Prinzip ist das gleiche. Mit der Zeit erreichst du eine höhere Position und damit in der Regel eine bessere Sicht auf die Welt. Du lernst die Leute kennen. Sie lernen dich kennen. Und deine Aussichten auf Spezialisierung, Erweiterung deines Angebots oder auf eine Neupositionierung vermehren sich.

Vergiss nicht: Deine andere Hälfte ist das Universum. Und das hast du mit allen anderen Menschen gemeinsam.

Wir *sind* eins. Wenn du deine Arbeit hasst oder es an Engagement fehlen lässt, dann merken die Leute das. Andererseits merken sie auch, wenn du deine Arbeit liebst oder wenigstens dein Bestes gibst. Wer sein Bestes gibt und so gut er kann seine Aufgabe meistert, dem eröffnen sich neue Möglichkeiten. Irgendwann hat er die Hürde der ungeliebten Arbeit genommen oder das Leben hebt ihn darüber hinweg. So funktioniert das Universum, oder besser ausgedrückt, so reagiert es auf unser Tun. So verstärkt es unseren Schwung, belohnt es uns für unsere Anstrengungen.

Viele meinen, wenn sie sich in ihrem ungeliebten Job mehr anstrengen und stärker einbringen, dann könnte das ihren Chef veranlassen, sie auf genau dieser Position zu belassen – »ihre hervorragenden Leistungen als Toilettenreinigungskraft garantieren ihr die Position auf Lebenszeit«. Doch wie viele Arbeitgeber gibt es, die sich vorrangig für die unteren Etagen interessieren? Wie viele würden sich wirklich dafür entscheiden, ihre begabtesten Mitarbeiter im Keller versauern zu lassen? Halten sie nicht vielmehr *immer* Ausschau nach fähigen Kollegen, denen sie mehr Verantwortung übertragen können? Sobald man im Leben eine Aufgabe gemeistert hat, erreicht man die nächste Ebene, auf der sich neue Wahlmöglichkeiten ergeben. Erreicht man sein Ziel nicht, dann lässt einen das Leben auflaufen.

Ich habe hier die Arbeit als Bezugspunkt gewählt, weil wir in diesen Bereich unsere meiste Lebenszeit investieren. Und dabei spielt es keine Rolle, ob wir irgendwo angestellt sind, ehrenamtlich arbeiten oder Kinder großziehen. Außerdem habe ich festgestellt, dass sich die Menschen gerade im Hinblick auf ihre Arbeit am meisten nach Veränderung sehnen. Doch die Grundvorstellung, dass man immer sein Bestes geben muss, um sein Leben auf höhere Ebenen zu führen, gilt für jeden Bereich unserer Existenz.

Sobald man im Leben eine Aufgabe gemeistert hat, erreicht man die nächste Ebene, auf der sich neue Wahlmöglichkeiten ergeben. Erreicht man sein Ziel nicht, dann lässt einen das Leben auflaufen.

Nimm zum Beispiel Beziehungen. Wer ihnen so viel Wert beimisst, dass er handelt, wer sich in die Welt stellt und sich bemüht, gut auszusehen, für andere sein Bestes zu tun, zu geben, zu teilen und seinem Herzen zu folgen, der ist der reinste Magnet für Freundschaften und Partnerschaften. Jeder möchte etwas von diesem Kuchen haben. Freundlichkeit wirkt immer ansteckend.

Oder Gesundheit. Diejenigen, die das, was sie haben, am besten einsetzen, die gut essen, sich ausreichend bewegen, im richtigen Maß ausruhen, genießen und arbeiten, sind im Allgemeinen gesünder als der Rest.

Und wie verhält es sich mit der Fülle? Wem die Fülle wichtig ist und wer im Gedanken an die Fülle hinaus in die Welt zieht (statt sie sich nur vorzustellen und auf physischen Einsatz zu verzichten), um sich ihrer würdig zu erweisen, der wird schließlich einen Ort oder eine Position erreichen, wo es ihm gestattet ist, Fülle zu schaffen und aufrechtzuerhalten. Diese Menschen haben keine Kontrolle darüber; sie können gar nicht anders.

Selbstverständlich gibt es bei allgemeinen Aussagen dieser Art immer Ausnahmen. Doch sie sind und bleiben Ausnahmen und keinesfalls ein Beweis dafür, dass das Universum und die Magie des Lebens nicht auf unsere Überzeugungen und unser Verhalten reagieren. Falls unter den Lesern jemand ist, der sich mit diesen Ausnahmen näher befassen möchte, dann empfehle ich meine Bücher *Verändere dein Denken, dann hilft dir das Universum* und *Die Matrix der Wunscherfüllung*. In ihnen erkläre ich ausführlich, warum sich manche unserer Gedanken nicht in Dinge verwandeln und warum manche Dinge geschehen, an die wir vorher nicht gedacht haben – wie etwa, dass wir in eine Familie geboren werden, die in einem Dritte-Welt-Land lebt (oder in Europa). Für dieses Buch jedoch sollen die Beweise ausreichen, die jeder von uns in seinem Leben kennt und die zeigen, was das Universum für uns tut, wenn wir unsere Aufgabe meistern.

Gruß vom Universum

Behandle den »fiesen« Dienst, den du schiebst,
wie deinen Traumjob. Das ist der schnellste Weg,
um Veränderungen auszulösen, die dich zu deiner
Lieblingsbeschäftigung führen.
Das Gleiche gilt für jedes »fiese« Haus, den »fiesen«
Freund, einen »fiesen« Tag, dein ganzes »fieses« Leben –
oder ein »fieses« Paar Schuhe.
Jawoll ja,
das Universum

Mit einem Mal: Klarheit

Sobald du die Aufgabe meisterst, für die du angetreten bist, geschieht eins von zwei Dingen. Entweder erkennst du durch die »Beförderungen« des Lebens ganz deutlich, was du am liebsten tun möchtest. Oder – so ist es bei mir abgelaufen, und so ist es auch am wahrscheinlichsten – die »Beförderungen« des Lebens und die zahllosen subtilen Veränderungen werden deinen Alltag mehr und mehr durchdringen, bis du eines Tages mit einem neuen Job, neuer

Verantwortung und umgeben von anderen Menschen aufwachst und dich darüber wunderst, dass du bereits das Leben deiner Träume führst. Denn während du alles daransetzt, deine Aufgabe zu meistern, dein Bestes zu geben, das, was du hast, wertzuschätzen und das Beste aus deiner Situation zu machen (was *nicht* bedeutet, dass du dich einfach so zufriedengibst), wird dein Leben fast unmerklich auf einen neuen Kurs einschwenken.

Dann stellst du dir die Frage, die auch ich mir bis zum heutigen Tage noch immer stelle: »Wie konnte dies alles mit mir geschehen? Das ist ja sogar noch besser, als ich es mir in meinen wildesten Träumen vorgestellt habe! Womit habe ich das alles verdient?« Oder, wie Khalil Gibran es im *Propheten* seine liebenswerte Figur al-Mustafa formulieren lässt: »Wenn dies mein Tag der Ernte ist, in welche Felder habe ich den Samen gesät und zu welchen vergessenen Jahreszeiten?«

Wenn du alles daransetzt, deine Arbeit noch besser zu machen und ein noch besserer Mensch zu werden, dann geschehen Wunder. Wahrscheinlich wirst du sie nicht als Wunder erkennen, doch in deinem Leben wird es zu vielen kleinen Veränderungen kommen. Auf diesem Weg verwandeln sich unsere Gedanken in Dinge: Zunächst erhalten sie das Gesicht von Umständen. Es ist so, als marschierten deine Gedanken hinaus in die Welt, um Personen und Ereignisse wie Marionetten neu aufzustellen (deren Puppenspieler du ohne dein Wissen bist). So machen deine Gedanken dich empfänglich für die sogenannten Zufälle, glücklichen Fügungen und das Glück des Lebens. Indem du handelst, schaffst du Verbindungen zwischen den unsichtbaren Erscheinungen. Inspiration erfasst dich. Doch erst im Rückblick erkennst du, an welchen Stellen sich die Wunder ereigneten. Auf dieses Thema komme ich im sechsten Kapitel noch einmal zurück.

Nix zu tun

Wenn du im Augenblick nichts zu tun hast und noch nicht weißt, was du tun willst, dann lautet mein Rat, der sich vielleicht naiv anhört, aber immerhin leicht umzusetzen ist: *Tu irgendetwas!* Setz dir selbst eine Frist wie etwa zwei Wochen oder auch nur zwei Tage, um in irgendeiner Form aktiv zu werden oder irgendwelche Babyschrittchen in irgendeine Richtung zu machen. Arbeite ehrenamtlich, such Arbeitsagenturen auf oder knüpf Kontakte mit neuen Menschen und Gruppen. Geh hinaus und werde tätig! Es gibt nur einen Fehler, den du machen kannst: gar nichts zu tun!

Bei meinen Vorträgen habe ich die Erfahrung gemacht, dass dieser Punkt bei meinen Zuhörern Widerstände auslösen kann, die sich so oder ähnlich anhören: »Aber ich kann jetzt nicht rausgehen, nur um irgendetwas zu tun! Wenn ich mir jetzt irgendeinen Job besorge und nicht zu Hause bin – was, wenn dann gerade Günther Jauch anruft? Was, wenn dann gerade mein Schiff vorbeifährt und ich nicht da bin, um an Bord zu gehen?« Weil sie nicht wissen, was sie tun wollen oder auch nur, was sie tun *sollen,* sind sie schließlich so gelähmt, dass sie gar nichts mehr tun und an den Seitenlinien des Lebens auf ein Wunder warten.

Es gibt nur einen einzigen Ort, an dem das Schiff des Lebens dich niemals finden wird, und der ist bei dir zu Hause, wo du darauf wartest. Wenn du nicht mehr tust, um Veränderungen herbeizurufen, als auf das Klingeln des Telefons zu warten, dann wird weder Günther Jauch anrufen noch dein Prinz oder deine Prinzessin in Erscheinung treten.

Wenn du jedoch hinausgehst in die Welt und durch dein Tätigsein im magischen Topf des Lebens rührst, dann hast du dich mit dem Universum in Verbindung gesetzt. Kontakt hergestellt! Dann stehst du für all die glücklichen Umstände und Zufälle zur Verfügung, die dich zum rechten Zeitpunkt an den rechten Ort führen, und dein Schiff wird dich finden. So ist es immer. Immer wieder hinaus in die Welt gehen, eine Richtung einschlagen, egal welche! Tätig sein hilft dir, deine Richtung zu finden und deinen Kurs zu bestimmen. Zum einen lernst du so deine Vorlieben kennen. Zum anderen erhältst du auf diese Weise vom Leben Feedback und Bestätigung.

Die eigenen Vorlieben kennenlernen

Als Erstes nimmst du also deine Vorlieben wahr. Du stellst fest, dass du dich doch nicht in dem Maße verloren hast, wie du meintest. Es gibt immer Dinge, die du tun willst, auch wenn sie zunächst kaum Ähnlichkeit mit Träumen haben, die wahr werden sollen. Entscheidend ist, dass du dir selbst eine Frist setzt, denn so kannst du am raschesten all das ausschließen, was du *nicht* tun willst. So kommst du schließlich zu der Handvoll Dinge, die du *wirklich* tun willst. Endlich hast du dich vom Ufer abgestoßen und stichst in See. Mir ist klar, dass die Möglichkeiten, die du auswählst, vielleicht nur die am wenigsten unattraktiven aus einer langen Liste sind. Dennoch geben sie dir eine Richtung vor und helfen dir, deinen Kurs zu finden. Auch wenn du einen Job annehmen musst, der dich nicht in Begeisterung versetzt, wenn er die am wenigsten unattraktive Möglichkeit auf deiner Liste ist: Nimm ihn, und mach ihn gut.

Hier geht es nicht darum, eine Tätigkeit auszuwählen, die man dann ein Leben lang beibehält; Ziel ist es vielmehr, auf eine Weise tätig zu werden, die zu einem neuen Beruf führt, der sich jedoch erst mit der Zeit als solcher offenbart. Es geht nicht darum, die wahre Liebe zu finden, sondern zunächst darum, sich diese Möglichkeit überhaupt erst zu erschließen. Du musst lediglich an ein paar Türen klopfen und zwei Wochen lang oder auch nur zwei Tage lang Fragen stellen, Steine umdrehen, suchen und forschen. Kapierst du, wie die Sache funktioniert? Du kannst *sofort* mit dem Verändern anfangen, einen Kurs bestimmen und ihn einhalten.

Vom Leben Feedback und Bestätigung erhalten

In der Folgezeit wird das Leben, da du dich ja nun in Bewegung gesetzt hast, anfangen, mit dir ins Gespräch zu kommen; das Universum wird dir signalisieren, ob du falsch oder richtig liegst.

Genau so ist es mir ergangen. Zum Zeitpunkt meines »Schiffbruchs« wusste ich nicht, was ich mit meinem Leben anfangen sollte. Immerhin war mir klar, dass ich *irgendetwas* tun musste. Als ich meine Möglichkeiten überprüfte, gelang es mir, sie auf zwei erträgliche Dinge einzuschränken. Ich schreibe »erträglich«, weil sie wirklich nicht mehr waren als das. Sie hatten nichts mit meinen Träumen zu tun, aber sie waren der Ausgangspunkt für die Bestimmung meines zukünftigen Kurses und verschafften mir die Gelegenheit, überhaupt etwas zu tun. Ich nahm mir also meine Möglichkeiten vor.

Erstens: Ich hatte die amtliche Zulassung als Buch- und Rechnungsprüfer für den Staat Florida.

Zweitens: Ich verschickte noch immer meine kostenlosen »Montagmorgen-Motivations-Mails«, Überbleibsel aus meinem T-Shirt-Geschäft, die den Abonnenten als Inspiration dienen sollten.

Statt mich auf eine der beiden Möglichkeiten zu beschränken, entschloss ich mich, beide Ziele parallel zu verfolgen. Ich verfasste also einen Lebenslauf, in dem ich meine Anstellung bei Price Waterhouse und meine zehnjährige Erfahrung als selbständiger Unternehmer betonte, und schickte ihn an Job-Agenturen, auf die ich beim Durchforsten der Jobangebote in den Zeitungen gestoßen war. Ich war mir ziemlich sicher, dass mein Telefon schon bald klingeln würde.

Nachdem ich mir sechs Wochen lang die Hacken krummgelaufen hatte, merkte ich, dass ich nicht mit dem Herzen dabei war. Ich überreichte jede Bewerbung in einem Gefühl grausiger Erwartung und malte mir in schrecklichen Farben aus, wie es wohl sein würde, wieder als angestellter Vermögensberater zu arbeiten. Und zu meiner Bestürzung erhielt ich keine einzige Einladung zu einem Bewerbungsgespräch! Dann kam mir in den Sinn, dass ich als gescheiterter Unternehmer vielleicht doch nicht so ein begehrenswerter Mitarbeiter war. Ich erhielt also gleich zwei eindeutige Hinweise: Ich war nicht mit dem Herzen dabei, *und* niemand wollte mich einstellen. Nachdem ich wenigstens an ein paar Türen der Firmenwelt geklopft hatte, entdeckte ich, dass es für mich das Beste war, diesen Weg nicht weiterzuverfolgen.

Gleich danach ereignete sich etwas, was mir die Entscheidung, auf die ich mich zubewegte, sogar noch leichter machte. Der Controller einer international operierenden Firma in Orlando lud mich zu einem Bewerbungsgespräch ein. Es war ein Gefälligkeitstermin, den ein Freund meines Nachbarn aus Sympathie für mich arrangiert hatte. Nachdem sich der Controller meine Geschichte angehört hatte, sah er mir ins Gesicht und sagte: »Mike, was tun Sie hier? Sie haben das, wovon ich immer schon geträumt habe. Sie haben das, wovon jeder hier träumt – eine eigene Firma.« Ein bisschen schockiert setzte ich zum Protest an. Ich wollte sagen: »Hey, Sie haben mich nicht richtig verstanden! Wir haben alles aufgelöst. Es gibt keine Produkte mehr. Keine Kunden. Nichts.« Bestimmt hatte er mich missverstanden.

Aber weit gefehlt. In seinen Worten schwang etwas mit, was in meinem Herzen einen unglaublichen Widerhall erzeugte. Je länger ich über seine Worte und über seine Bewertung meiner Situation nachdachte, desto deutlicher erkannte ich, dass es bei tut.com für mich vielleicht doch noch etwas zu tun gab. Zwar war unsere Firma nur noch ein Name, aber rein rechtlich war sie noch immer ein bestehendes Unternehmen. Wir hatten nicht zugemacht; wir hatten lediglich aufgehört, Geschäfte zu machen. Wir besaßen noch immer eine Datenbank mit Kunden und »Fans«. Außerdem hatten meine Berechnungen ergeben, dass ich es mir finanziell leisten konnte, etwa zwei Jahre lang herumzuprobieren. Ich konnte mir Zeit nehmen und musste nicht aus Torschlusspanik handeln. Treffer!

Gleichzeitig lebten die »Montagmorgen-Motivations-Mails« auf. Etwas ganz Erstaunliches ereignete sich: Ich entdeckte das Schreiben für mich und stellte überrascht fest, wie viel Spaß es mir machte. Auf den Gedanken wäre ich nie gekommen. Ich war die Fesseln los, die mir die gereimten T-Shirt-Sprüche auferlegt hatten. Meine neuen Mails bestanden aus einem Gedicht, das bereits einmal auf einem TUT-T-Shirt Verwendung gefunden hatte, und aus einem Editorial, das ich zum Thema des Gedichts schrieb. Ich schrieb, so gut ich nur konnte, meisterte die Aufgabe, die ich mir gestellt hatte, und verschickte meine inspirierenden Texte jede Woche kostenlos an ungefähr eintausend Menschen. Und da mir für das Verfassen meiner Mails endlos viel Zeit zur Verfügung stand, brachte ich Stunden damit zu, sie zu formulieren (auch wenn sie nur zwei oder drei Absätze lang waren). Ich nahm mir so viel Zeit, wie nötig war, bis sich in mir dieses zufriedene Gefühl breitmachte, das mir sagte: »Ja, super. Den Text finde *ich* wirklich gut.«

Mir gefiel der Prozess des Schreibens, der für mich ein echtes Aha-Erlebnis war – ein Fingerzeig des Universums, meines höheren Selbst, das mir mitteilte, dass ich mich auf dem richtigen Weg befand. Wenn ich das Ende meiner zwei- bis dreistündigen Übung erreichte, durchströmte mich ein Gefühl kreativer Erfüllung, wie ich es noch nie gekannt hatte. Und dann geschah, was ich noch weniger erwartet hatte: Die Leser antworteten und schickten mir begeisterte Mails zurück. »Super, Mike, das war großartig! Ich hoffe, du hebst die auf, um eines Tages ein Buch daraus zu machen!« oder »Hey, Mike, ich freue mich jetzt immer auf den Montagmorgen!« und »Mike, vielen Dank, dass du dir die Zeit nimmst, uns zu schreiben.«

Mich mit meiner Tätigkeit wohl zu fühlen *und* ein positives Feedback dafür zu bekommen, das war eine »Belohnung«, die ich nie hätte vorhersehen können. Zuerst einmal musste ich meine vorsichtigen kleinen Babyschrittchen im Schreiben machen. Klarheit tritt auf den Plan, sobald wir zum Dienst antreten. Und wenn du den ersten Schritt gemacht hast, kann der zweite folgen. Tu etwas – *tu irgendetwas!*

Wenn du den ersten Schritt gemacht hast, kann der zweite folgen. Tu etwas – *tu irgendetwas!*

Ein erstes Babyschrittchen ist mehr als ein kleiner Schritt

Ich habe bereits erwähnt, dass viele fälschlicherweise meinen, sie gäben sich mit etwas Geringerem zufrieden, wenn sie sich auf eine stundenweise Arbeit, eine unbezahlte Tätigkeit oder auf irgendetwas einlassen, das nicht jede Zelle ihres Körpers aufleuchten lässt. Sie meinen, vernünftig sein zu müssen, und denken: »Ich weiß, *Gedanken werden Dinge.* Mir ist klar, dass ich Macht über alle Dinge habe und dass das Universum im Hintergrund für mich wirkt – warum also sollte ich mich mit etwas zufriedengeben, das unter meinem Niveau ist?« Sie fürchten, falsche Kompromisse einzugehen, wenn sie etwas tun, das geringer ist als ihre erträumten Ziele. Stattdessen tun sie also nichts und warten darauf, dass das Universum ihnen zu Hilfe eilt.

Dabei kann man die ersten Babyschrittchen viel positiver sehen. Was zunächst als kleiner und unbedeutender Fortschritt begriffen wird, ermöglicht vielleicht später Sprünge, die man sich jetzt noch gar nicht vorstellen kann. Außerdem sind es, wie ich schon viele Male betont habe, genau diese kleinen Babyschrittchen, die die Magie des Lebens für dich in Dienst nehmen. Auf einem anderen Weg kann sie dich nicht erreichen.

Gruß vom Universum

Die meisten Menschen, die am Horizont
Ausschau halten nach dem Schiff ihrer Träume,
das in ihren Hafen einlaufen soll, bedenken nicht, dass
das Schiff niemals einlaufen kann, weil deine Füße
bereits auf seinen Planken stehen.
Wer hätte das gedacht!
Das Universum

Falls du es noch nicht bemerkt haben solltest: Für die Festlegung deines Kurses ist es von entscheidender Bedeutung, von dort loszusegeln, wo du jetzt untätig vor Anker liegst. Es geht darum, zum Dienst anzutreten und darauf zu vertrauen, dass sich der Kurs von selbst zeigt. Diese Zusammenhänge spielen in den nächsten beiden Kapiteln noch eine Rolle.

Denk an einen guten Roman, den du gelesen hast, oder an einen Film, den du gesehen hast. Einem guten Geschichtenerzähler gelingt es, die Spannung bis zum Schluss aufrechtzuerhalten, und plötzlich, im letzten Augenblick, gibt es doch noch Hoffnung. Innerhalb von Augenblicken kann eine gute Geschichte von Hoffnungslosigkeit zu Klarheit und dann zu knallenden Champagnerkorken wechseln. Zwar können wir es mit unserem logischen Verstand nicht erfassen, doch auf irgendeine Weise sind wir die Geschichtenerzähler unseres eigenen erstaunlichen Lebens. Solange wir handeln und unseren Kurs darauf ausrichten, blättern sich die Seiten wie von selbst um, und die Geschichte entwickelt sich aus sich heraus.

Genau wie unser Selbst reichen auch unsere Energien und Vorhaben viel weiter, als wir uns das vorstellen können. Und obwohl wir unser Leben nicht einmal bis zur nächsten Straßenecke vorhersagen können, wissen wir doch, dass wir mit unseren heutigen Anstrengungen Möglichkeiten und Gelegenheiten für morgen schaffen. Und vom Zenit unserer verborgenen Herrlichkeit wird genau das choreografiert und präsentiert, was wir uns am meisten wünschen und was wir am meisten lieben. Von dir wird lediglich verlangt, dass du zum Dienst antrittst und mit deiner Tatkraft weiterhin Tag für Tag Zugkraft erzeugst, ausgehend von dem Punkt in deinem Leben, an dem du dich jetzt gerade befindest. Erleichtert wird der Prozess dann, wenn du um deine Kommandogewalt und ihre Quelle weißt, wenn du deine gegenwärtige Situation kritisch prüfst, deine Vorlieben gegeneinander abwägst und dich wirklich auf den Weg machst.

Dann bleibt deine Geschichte nie in einer Flaute stecken, die Seiten blättern sich wie von selbst um, und deine unvermeidliche Schlussfeier rückt näher. Bis zu dem Tag, an dem du auf deine Geschichte zurückblickst und lachend denkst: »Aber *natürlich!* Warum habe ich mir nur solche Sorgen gemacht? Das wäre gar nicht nötig gewesen!«

Zusammenfassung

- Du bist hier, um du selbst zu sein, um dich von deiner Sehnsucht dorthin tragen zu lassen, wohin auch immer sie dich führt. Um das zu empfinden, was noch niemals zuvor empfunden wurde.
- Tausche all deine »Was soll ich nur tun?«-Fragen gegen »Was *will* ich tun?«-Fragen aus.
- Wenn du schon weißt, was du tun willst, dann mach dich auf den Weg und tu es.
- Wenn du nicht weißt, was du tun willst, aber bereits etwas tust, dann tu es noch besser.
- Wenn du nichts zu tun hast und nicht weißt, was du tun willst, dann tu irgendetwas, und tu es gut.
- *Wo* du in deinem Leben stehst, ist nicht identisch damit, *wer* du bist.
- Setze dir selbst für die Schritte auf deinem neuen Weg eine Frist; je kürzer die Frist ist, desto besser.

Anregende Übungen

Einen Kurs festlegen

In welchen Bereichen deines Lebens tust du gerade etwas, weil du glaubst, etwas tun zu müssen, *obwohl du dich in eine andere Richtung gezogen fühlst? Denke darüber nach, warum das so ist, vor allem in den folgenden Bereichen:*

- Arbeit und Beruf
- Beziehungen
- Heim und Familie
- Soziales Umfeld
- Gesundheit und äußere Erscheinung

Überleg dir in diesen Bereichen für die kommenden Tage und Monate einen Kurs, der es dir gestattet, ausgehend von deinem gegenwärtigen Standpunkt die Richtung zu wechseln. Lass alles Sollte *hinter dir und tu einfach das, was du dir am meisten wünschst. Was willst du anfangen? Wo willst du anfangen? Wann willst du anfangen?*

Und in den Bereichen, in denen du mehr oder weniger so weitermachst wie bisher: Wie kannst du deine Aufgaben meistern? Wie kannst du sie sogar noch besser meistern?

DRITTER SCHRITT: Dienst tun und Order geben

In diesem dritten Schritt geht es darum, aktiv zu werden, zu delegieren und zu unterscheiden, wo deine Aufgaben liegen und wo das Universum und die Magie des Lebens gefragt sind. Wir wollen die Formel für einen Plan entwickeln, der die von dir gewünschten Veränderungen bewirkt. In Business-Ratgebern wird immer davon gesprochen, dass man einen Plan haben muss. Doch spirituelle Ratgeber lassen diese Anforderung oft außer Acht, vielleicht weil sie zu rational und zu praktisch erscheint. Ein entscheidender Fehler! Ich habe eine große Zahl »spirituell erwachter« Menschen kennengelernt, die ein bisschen Erdung nach den Vorstellungen der alten Schule hätten gebrauchen können.

Kannst du dich noch an die Lektüre deines ersten spirituellen Buches erinnern? Vielleicht etwas wie *Die Möwe Jonathan* von Richard Bach oder *Zen in der Kunst des Bogenschießens* von Eugen Herrigel oder *Der leere Spiegel* von Janwillem van de Wetering. Kannst du dich an deine Gefühle beim Lesen erinnern? An die Begeisterung und das Gefühl von Befreiung, die dich erfassten, als du schließlich erkanntest, dass du sehr wohl Veränderungen in deinem Leben bewirken kannst? Dass du nicht allein bist; dass ein liebendes Universum im Hintergrund in deinem Sinne wirkt; dass du nicht verurteilt wirst; dass deine Zukunft offen ist und du unendlich viele Möglichkeiten hast, dein Leben nach deinen Vorstellungen zu gestalten?

Viel zu oft kommt es vor, dass die Lektüre solcher Bücher und die Entdeckung der Wahrheit über unsere Welt den Leser in Hochstimmung versetzt und ihn so berauscht, dass er meint, diese innere Erregung allein reiche aus, um sein Leben zu verändern. Doch das trifft niemals zu. Dieses Kapitel handelt von der *Anwendung* uralter Wahrheiten in deinem Alltag und davon, welche Order du dem Universum geben kannst, sollst und musst und welchen Dienst du selbst tun musst. Und warum.

Lebensverändernde Maßnahmen nach alter und neuer Schule

Die Verfechter der alten Schule haben gelernt, dass man im Leben nur dann etwas erreicht und erfolgreich ist, wenn man als einsamer Wolf unter Schweiß und Tränen dafür kämpft. Wir erkennen sie leicht an den Gemeinplätzen, die ihnen von der Zunge rollen: »Eine gute Gelegenheit kommt nur ein Mal« – »Es geht nicht darum, was du kannst, sondern darum, wen du kennst« – »Der frühe Vogel fängt den Wurm«, und so weiter. Wer auf der Basis dieser Schule plant, pfuscht gerne mit dem *verflixten Wie* herum und trägt die Last der Welt auf seinen Schultern. Um die Wahrheit zu sagen: Genau das hat man uns beigebracht, dir und mir, die wir in diese spirituell unterentwickelten Zeiten hineingeboren wurden. Den meisten von uns hat man direkt oder indirekt erklärt, Erfolg sei nur durch harte Arbeit, Leistung und Anstrengung zu erreichen.

Am anderen Ende des Spektrums warten die gerade zur Spiritualität Bekehrten darauf, dass das Universum ihr Leben für sie lebt. Sie sind furchtbar erschöpft davon, die Welt auf ihren Schultern zu tragen. Und sobald sie die gute Neuigkeit vom Universum und der Magie des Lebens erfahren, klauben sie all ihren Besitz zusammen und rennen so schnell wie möglich auf die andere Seite des Spektrums. Dort rennen sie bis an die Wand und lassen alles mit einem breiten Grinsen fallen. Sie meinen, *dass sie selbst gar nichts mehr tun müssen,* um sich das Leben ihrer Träume zu erobern.

Natürlich sind wir spirituelle Wesen, die Erfahrungen mit dem Leben als Mensch machen. Aber bedeutet das nicht, dass wir *sowohl* spirituell *als auch* Mensch sind? Wenn es also darum geht, bewusst Veränderungen zu bewirken, dann müssen wir sowohl die spirituelle als auch die materielle Welt einbeziehen. Oder anders gesagt: Wir müssen uns materiell verhalten, jedoch zugleich spirituell bewusst agieren. Wir dürfen uns das Universum und die Magie des Lebens zunutze machen, benötigen dafür aber unsere materiellen Gedanken, Worte und Taten als Ausgangspunkt. Deshalb benötigen wir eine gute Balance zwischen den martialischen Kampfmethoden der alten Schule und dem »mühelosen Manifestieren« der neuen. Um voll und ganz spirituell sein zu können, müssen wir voll und ganz materiell sein und umgekehrt. Wenn wir Veränderungen anstreben, dann müssen wir materiell in die Welt hinaustreten, um uns die spirituellen Prinzipien des Lebens zunutze machen zu können. Wir tun unseren Dienst und beginnen damit, uns über unser Leben und unsere Träume Gedanken zu machen. Und weil wir das tun, warten das Universum und die Magie des Lebens schon auf uns und unsere Order.

Natürlich sind wir spirituelle Wesen, die Erfahrungen mit dem Leben als Mensch machen. Aber bedeutet das nicht, dass wir *sowohl* spirituell *als auch* Mensch sind? Wenn es also darum geht, bewusst Veränderungen zu bewirken, dann müssen wir sowohl die spirituelle als auch die materielle Welt einbeziehen.

Glück gehabt?

Angenommen, du glaubst an das Glück, und angenommen, nur so zum Spaß, du glaubst, dass du am Beginn der glücklichsten Woche deines ganzen Lebens stehst. Du glaubst, ab dem kommenden Montag wirst du so viel Glück haben, dass sich alles, was du berührst, in Gold verwandelt. Und dann lass uns noch annehmen, dass du gerade nach dem richtigen Leben für dich angelst.

In Anbetracht der Tatsache, dass du vor der glücklichsten Woche deines Lebens stehst: Würdest du am Montagmorgen nur eine Angelrute mit zum Fischen nehmen oder viele? Du würdest möglichst viele mitnehmen, stimmt's? Und wenn du vorher ein paar Tage für die Vorbereitungen hättest, würdest du noch ein paar Boote mit Angehörigen und Freunden füllen und den Anglerläden auch die letzte Rute abkaufen. Du würdest das Beste aus deiner glücklichen Woche machen wollen, oder? Du würdest wohl kaum am Montagmorgen vor die Tür treten, die Arme zum Himmel strecken und rufen: »Wo bleiben denn die Fische? Wo sind sie? Das ist doch die glücklichste Woche meines Lebens!«

Nein, so läuft das nicht mit dem »Glück«, nicht wahr? Sogar die naiven Leute, die an das Glück glauben, sind klug genug zu erkennen, dass sie gar nichts davon haben, *wenn sie nicht in die Welt hinausgehen, um sich das Glück zunutze zu machen!*

Nun, natürlich gibt es so etwas wie Glück nicht. Aber es gibt etwas Besseres, nämlich die Maxime *Gedanken werden Dinge.* Auf sie kann man zählen. Mit ihr kann man rechnen. Diese Maxime sagt, dass alles möglich ist, vorausgesetzt, du verstehst, wie sie funktioniert. Das aber bedeutet einfach, dass du dich, wie im Fall der Glücksphantasie, aktiv *physisch einbringen* musst. Du musst dir die Magie des Lebens *aktiv* zunutze machen. Du musst hinaustreten in die Welt, damit deine Manifestationen zu dir gelangen können, damit das Universum deinen Kurs korrigieren kann, damit die kleinen glücklichen Umstände und Zufälle dir in den Weg geraten können. Und das alles ist nicht möglich, wenn du zu Hause sitzt und dort auf den Durchbruch wartest.

Aktionsprogramm

Nachfolgend eine kleine Übung, die dir helfen soll, ein Aktionsprogramm zu erdenken. Mit seiner Hilfe kannst du dir das Universum und die Magie des Lebens dienstbar machen. Dieses Programm (wenn das überhaupt das richtige Wort ist) ist ganz einfach. Du kannst daran denken und deine eigene Version zusammensetzen, ohne dafür Stift und Papier zu benötigen. Dennoch rate ich dir, mach dir beim ersten und zweiten Mal Notizen. Sobald du die Übung begriffen hast, kannst du sie auch kurz vor dem Einschlafen machen oder während du mit dem Hund spazieren gehst – oder auf dem Weg zur Arbeit. Die Übung hilft dir, deinen Dienst, für den du selbst verantwortlich bist, dem gegenüberzustellen, das du per Order an das Universum delegieren darfst.

Die Dreieckübung

Male dir vor deinem inneren Auge aus, wie du ein großes Dreieck auf ein Blatt Papier zeichnest. Oder tu es tatsächlich. Das Dreieck wird schließlich alle Schritte enthalten, die erforderlich sind, um einen deiner Träume wahr werden zu lassen. Also muss es groß genug sein, um einzelne Begriffe, aber auch ganze Sätze aufzunehmen.

Nun stellst du dir eine senkrechte Linie vor, die das Dreieck von oben bis unten in zwei rechtwinklige Dreiecke zerteilt. Wenn du dir die Linie nicht nur vorstellen willst, sondern sie richtig zeichnen möchtest, dann beginne oben bei der Spitze des Dreiecks. Unter das linke rechtwinklige Dreieck schreibst du deinen Namen, unter das rechte »Universum«. (Als Orientierungshilfe nimm das Diagramm auf der nachfolgenden Seite.)

Ein solches Dreieck kannst du für jeden deiner Träume nutzen, sei es ein neues Auto, eine bessere Partnerschaft, eine neue Berufslaufbahn, ein neuer Lebensweg, Gesundheit oder ein anderer Wunsch. Da jeder Traum sein eigenes Dreieck benötigt, ist es sinnvoll, die genaue Bezeichnung des Traumes als Überschrift darüberzusetzen.

Deine Seite des Dreiecks

Schreibe in deine Seite des Dreiecks alles, was die Realisierung deines Traumes vorantreibt. Führe alles auf, was du in materieller, gedanklicher und spiritueller Hinsicht tun kannst, um das über dem Dreieck genannte Ziel zu erreichen.

In der Regel erinnere ich meine Zuhörer daran, dass logisches Denken und praktisches Handeln im höchsten Maße überbewertet werden und dass wir lernen müssen, uns mehr auf unsere Intuition und unseren Instinkt zu verlassen. Dennoch sorgen unser unglaubliches Gehirn und unsere analytischen Fähigkeiten *manchmal* dafür, dass sich Logik/Analyse und Spiritualität nicht ausschließen. Manchmal kann man mit Logik und Analyse tatsächlich die Magie des Lebens wachrufen.

Ziel/Traum: ______________________________

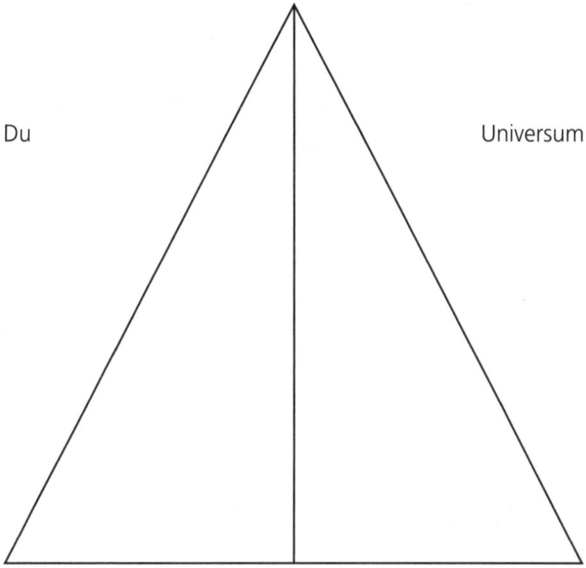

In dieser Übung meine ich mit Logik und praktischem Handeln Folgendes: Schreib auf deine Seite des Dreiecks zusätzlich zu allem, was dir ohnehin schon einfällt, einige der Maßnahmen, die Gleichgesinnte vielleicht ergreifen würden, um ein Ziel wie das deine zu erreichen. Es spielt keine Rolle, ob sie etwas vom Universum und der Magie des Lebens wissen oder nicht.

Eine andere Möglichkeit, die Aufgabe von der logischen Seite her anzupacken, besteht darin, dass du auf den Rat aus dem vorigen Kapitel zurückgreifst: »Wenn du nicht weißt, was du tun willst, dann mach mit dem weiter, was du tust, aber mach es besser.« Wenn dies auf dich zutrifft, welche

Bereiche hast du dann in der entsprechenden Übung genannt, die du noch besser machen könntest? Welche Wege stehen dir offen, um deine Fähigkeiten zu fördern und ein Meister deines alltäglichen Tagwerks zu werden? Aus solchen Antworten setzt sich die linke, die logisch-praktische Seite des Dreiecks zusammen.

Nachfolgend noch ein paar weitere Ideen für den Fall, dass du etwas an deinem Beruf, deiner Arbeit oder deinem Lebensunterhalt verändern oder verbessern willst:

- Falls du im Verkauf tätig bist, dann kümmere dich mehr um die Kaltakquise.
- Beginne mit deiner beruflichen Weiterbildung oder fahre mit ihr fort.
- Besorg dir Zeugnisse, Zertifikate, Websites und/oder Visitenkarten.
- Entwickle einen Businessplan.
- Such aktiv oder strategisch nach neuen Partnern, Investoren, Kunden und so fort.
- Bitte Mentoren um Unterstützung.
- Lies Ratgeber und Erfolgsgeschichten von Menschen, die deinen Weg vor dir beschritten haben.
- Hilf anderen, die ähnliche Ziele verfolgen wie du (eine gute Methode, um eine neue Perspektive auf die eigene Situation zu erlangen).

Zur Verbesserung einer bestehenden Beziehung:

- Verreist gemeinsam, kocht zusammen oder lernt gemeinsam etwas Neues.
- Sucht Rat bei Freunden, Familienangehörigen oder Therapeuten, um die Wogen zu glätten.

- Probiert aus, wie es euch mit regelmäßigen »Beziehungspflegeabenden« geht, und überrascht euch gegenseitig mit neuen Verhaltensweisen.
- Sucht Orte auf, an denen ihr zusammen glücklich wart, und kehrt zurück zu Aktivitäten, die euch beiden Freude bereitet haben.
- Sucht häufiger und auf neue Weise das Gespräch mit eurem Partner – geht mehr aufeinander zu, macht Kompromisse, bittet einander um Unterstützung.
- Findet heraus, wer sich vielleicht in einer ähnlichen Situation befindet, und gründet eine Selbsthilfegruppe.

Um eine neue Beziehung zu finden:

- Achte darauf, deine Freunde bei deiner Suche nach einer Partnerschaft zu Verbündeten zu machen.
- Nutze die Dienste von Partnerschaftsvermittlungen, online oder anderweitig.
- Geh mehr unter Leute, vor allem dorthin, wo du neue Menschen kennenlernen könntest.
- Übernimm ehrenamtliche Aufgaben in deiner Gemeinde oder Kommune, nicht nur, um zu helfen, sondern auch, um erreichbar zu sein.
- Such dir Arbeit (wenn nicht wegen des Geldes, dann, um neue Menschen kennenzulernen).
- Such dir ein Hobby, das dich regelmäßig mit anderen Menschen in Kontakt bringt.

Noch ein paar weitere Tipps für deine Seite des Dreiecks, die dich spirituell weiterbringen, ganz egal, was du suchst. Wähle aus, was dir gefällt:

- Visualisiere jeden Tag (Ratschläge hierfür findest du im nächsten Kapitel).

- Such Anschluss an eine spirituelle Gemeinschaft, sei es im kirchlichen oder in einem alternativen Rahmen.
- Lies mehr Bücher wie dieses, hör dir entsprechende Programme im Radio an, nutze die Angebote von Seminaren mit spirituellen Inhalten.
- Such den Anschluss an eine Gruppe, deren Mitglieder ebenfalls etwas in ihrem Leben verändern wollen, oder gründe eine eigene.
- Erlerne Yoga oder Meditation oder eine andere Technik, die dir Seelenfrieden und körperliches Wohlbefinden beschert.
- Fertige eine Traumcollage an oder nutze vergleichbare Hilfsmittel (im nächsten Kapitel findest du hierzu Vorschläge).

Diese Liste enthält nichts Neues. Neu ist lediglich, was du mit diesen Vorschlägen anfängst und wie du aktiv wirst. Deine kleinen Babyschrittchen werden das Universum veranlassen, für dich Riesenschritte zu machen.

Die Universum-Seite des Dreiecks
Denk an all die glücklichen Umstände, Zufälle, Wunder, die dir helfen würden, deinem erträumten Ziel näher zu kommen. Und denk an die Magie. Auf dieser Seite des Dreiecks schreibst du auf, was das Universum für dich tun könnte. Einige Beispiele:

- Es könnte dir helfen, unerwartet neue Menschen kennenzulernen, die dich in deinen Vorhaben unterstützen.
- Dir eine kluge Idee eingeben, die nicht nur dein Leben, sondern auch die Welt verändern kann.
- Dir Inspiration und Motivation geben, wenn du beides gerade am dringendsten brauchst.
- Deine inneren Konflikte auflösen.

- Die Umstände so arrangieren, dass dein Weg leichter wird.
- Dir die Augen für neue Möglichkeiten öffnen.
- Dich darin unterstützen, Hindernisse, schwierige Personen und andere Ablenkungen zu transzendieren oder zu überwinden.
- Deine Fähigkeiten und Begabungen fördern und dich mit Selbstvertrauen erfüllen.
- Materielle Ressourcen für dich sammeln und neue Gelegenheiten schaffen.
- Dir dein negatives Denken und deine dich einschränkenden Überzeugungen bewusst machen.
- Und vieles andere mehr.

Bringe deine eigenen Ideen in Abhängigkeit von der Art deines Traums auf beiden Seiten ein. Beispiele findest du in den beiden Abschnitten »Meine Seite des Dreiecks: Dem Universum zuspielen« und »Die Universum-Seite des Dreiecks: Den Punkt machen« weiter hinten in diesem Kapitel.

Dein Bestes geben, unter Einsatz dessen, was du hast – beginnend dort, wo du jetzt stehst

Sobald du deine Listen geschrieben hast, sieh dir beide Seiten des Dreiecks an. Mach dir nun bewusst, dass du deinen Traum ohne die Hilfe des Universums *niemals* verwirklichen könntest, selbst wenn du Punkt für Punkt auf deiner Seite des Dreiecks abarbeitest. Ohne die Mithilfe des Universums kann dein Unternehmen nicht glücken. Du würdest dich für den Rest deines Lebens ergebnislos abstrampeln. Andererseits würde sich dein Traum ebenso wenig erfüllen, wenn du deinen Beitrag verweigerst. Dein Vorankommen wäre *unmöglich*. Das ist der Knackpunkt an der Geschichte: Wenn du nicht dein Bestes gibst, ausgehend von dem Punkt, an dem du jetzt stehst (deine Seite des

Dreiecks), dann kann auch das Universum nicht alles für dich einsetzen, was ihm möglich ist. Anders ausgedrückt: Wenn du möchtest, dass das Universum alles für dich tut, was ihm möglich ist, dann musst du dein Bestes geben – unter Einsatz dessen, was du hast, beginnend dort, wo du jetzt stehst.

> **Das ist der Knackpunkt an der Geschichte: Wenn du nicht dein Bestes gibst, ausgehend von dem Punkt, an dem du jetzt stehst, dann kann auch das Universum nicht alles für dich einsetzen, was ihm möglich ist.**

Wir selbst geben die Order dazu, wie sehr sich das Universum einbringen soll, und unsere Entscheidung treffen wir durch das Maß, in dem wir selbst aktiv werden. Je pflichtbewusster wir unseren Dienst angehen, desto stärker kann sich das Universum für uns einsetzen. Jeder unserer kleinen Babyschrittchen erhöht exponentiell die Möglichkeit des Universums, uns zu erreichen. Das bedeutet nicht, dass wir härter, länger und immer mehr arbeiten sollen! Es ist ein Aufruf dazu, schlauer vorzugehen, bewusster zu sein und besser zu verstehen: Wenn du erleben willst, dass deine Gedanken zu Dingen werden, dann musst du reale Schritte zur Verwirklichung deiner Träume tun.

Die Welt, von der wir träumen, stellt sich ein durch viele kleine, subtile Veränderungen. Sie finden statt, wenn du dich handelnd auf die Verwirklichung deiner Vorstellungen zubewegst. Du musst keineswegs alles dir Mögliche tun, um erfolgreich zu sein. Vermutlich musst du sogar nur sehr wenig tun. Aber da du nicht weißt, *was* genau du tun musst, sind viele kleine Babyschrittchen ideal geeignet. Indem du so oft wie möglich an so vielen relevanten Schauplätzen wie möglich zur Stelle bist, erwischst du die »Richtigen« früher und teilst dem Universum so mit, welche Verbindungen es in deinem Sinne herstellen soll.

Mach dir bewusst, dass du nicht allein bist und dass du bei deiner Selbstverwirklichung Unterstützung hast. Dann lässt der Druck auf dich nach, und du kannst deine Reise endlich genießen. Vielleicht genießt du sie so sehr, dass es glatt zu deinem neuen Lieblingszeitvertreib werden könnte, kleine Babyschrittchen zu machen.

Gruß vom Universum

Winzig kleine Träume bedürfen winzig kleiner
Gedanken und winzig kleiner Schritte.
Große gewaltige Träume bedürfen großer gewaltiger
Gedanken und winzig kleiner Schritte.
Ist das Bild klar?
Das Universum

Der Unterschied zwischen dem *verflixten Wie* und dem aktiven Tun

Jedes Mal, wenn ich vor meinem Publikum vom aktiven Tun spreche, wollen aufgeweckte Zuhörer mir nachweisen, dass ich selbst meine Aufforderung missachte, »niemals mit dem *verflixten Wie* herumzupfuschen«. Und da ich in der Vergangenheit mehr als hundert Gruppen von Zuhörern mit der einfachen Dreiecks-Übung geholfen habe, gehe ich davon aus, dass du dich vielleicht ebenfalls fragst: »Habe ich denn nicht eben gemäß deiner Aufforderung meine Seite des Dreiecks mit jeder Menge *verflixtem Wie* gefüllt? Wird es mich und die Magie des Lebens nicht bremsen? Sollte ich nicht lieber alles dem Universum überlassen und mich nur noch mit dem Endergebnis befassen?« Nein, nicht ganz, aber trotzdem sind das hervorragende Fragen.

»Dein Bestes geben, unter Einsatz dessen, was du hast, beginnend dort, wo du jetzt stehst« – das unterscheidet sich von einem *Wie.* Nicht nur durch das, *was du tust,* sondern dadurch, *wie du das einschätzt, was du tust.*

Wenn du glaubst, auf deiner Seite des Dreiecks festlegen zu sollen, *wie* du dein Ziel erreichst, dann hast du es mit dem *verflixten Wie* zu tun. Und ob du dir darüber im Klaren bist oder nicht: Schon bald wirst du dich auf deinem Weg durch die Liste so fühlen, als läge die Last der ganzen Welt auf deinen Schultern. Gelingt es dir jedoch, dein aktives Tun als Einladung an das Universum zum Mitmachen zu betrachten, dann bist du es, der dem Universum den Ball zuspielt, und das Universum holt für dich den Punkt! So soll es sein. Sei du in deinem Spiel der Mittelfeldspieler, der dem Stürmer einen Pass zuspielt. Und der Stürmer – das Universum – kann dann mit seinem Donnerschuss das Tor erzielen.

Auf diese Weise pfuschst du nicht mit dem *verflixten Wie* herum; stattdessen tanzt du den Tanz des Lebens, zeigst dich, bist ansprechbar und schaffst unendlich viele Möglichkeiten, damit deine Träume wahr werden können. Außerdem macht es nichts aus, wenn du gelegentlich schlecht zuspielst. Kein Problem! Denn du wirst dem Universum ja weiterhin Bälle zuspielen, wirst unter Einsatz dessen, was du hast, dein Bestes geben und dort beginnen, wo du jetzt stehst. Damit bist du den Druck los.

Je mehr du erkennst, umso mehr wirst du tun

Am Ball bleiben und so viele Eisen wie möglich im sprichwörtlichen Feuer halten – das bedeutet, du musst dich nicht um die Einzelheiten kümmern. Du kannst dich vom Ergebnis einzelner Schritte lösen und hast alle Zeit, um dich ganz und gar auf das Gesamtbild deines zukünftigen großartigen neuen Lebens zu konzentrieren. Es ist nicht erforderlich, dein Heil und dein zukünftiges Glück von einem einzelnen Schritt abhängig zu machen. Beispielsweise von dem Buch, das du schreiben willst, oder einem bestimmten Geschäftsabschluss. Wenn diese Vorhaben sich nicht verwirklichen lassen: kein Problem, nicht schlimm, macht nichts! Sie waren ohnehin nur dein Zuspiel für das Universum. *Wie* dein Traum wahr wird, darum geht es gar nicht. Du weißt nicht, welchen Ball das Universum annehmen wird, deshalb musst du immer schön *weiter* zuspielen. Ich sehe viel zu viele, die »ein oder zwei Bälle« zuspielen und sich dann an der Linie niederlassen, um zu jammern: »Wie lange dauert das denn noch? Was mache ich denn falsch? Das ist nun wirklich nicht mein Traumjob.«

Wenn du Schriftsteller sein willst, dann reicht es nicht aus, ein Buch zu schreiben, dann an der Seitenlinie Platz zu nehmen und darauf zu warten, dass das Universum einen Bestseller daraus macht. Wenn du Schriftsteller sein willst, dann kommst du nicht darum herum zu schreiben. Sobald du ein Projekt abgeschlossen hast, beginnst du mit dem nächsten und schreibst weiter. Du folgst deinen Impulsen, deinem Instinkt, deinem inneren Kompass und bleibst immer im Fluss – so wie es einem echten Schriftsteller gemäß ist. Wenn du dann die Früchte deiner Arbeit anbietest und vermarktest, kann das Universum je nach dem wechselnden Geschmack der Gesellschaft, den vorherrschenden Trends und einer Vielzahl anderer Faktoren aus deinem gesamten Portfolio auswählen, um einen Bestseller zu schaffen.

Entscheidend ist auch in diesem Fall wieder, wie du selbst bewertest, was du tust. Ein häufiger Fehler besteht darin, dass Menschen sich selbst daranmachen wollen, das Tor zu schießen, *gerade weil sie an die Magie des Lebens glauben.* An die Magie des Lebens zu glauben ist natürlich gut, aber du solltest dich nicht bei jedem kleinen Babyschrittchen so unter Druck setzen! Du kannst nicht wissen, an welcher Stelle und wann das Universum in dein Spiel eingreift – du weißt nur, dass es irgendwann geschehen wird. Also spiel immer schön weiter deine Pässe zu, mach deine kleinen Babyschrittchen, erfreue dich an deiner Reise und lass dich überraschen.

Du kannst nicht wissen, an welcher Stelle und wann das Universum in dein Spiel eingreift – du weißt nur, dass es irgendwann geschehen wird. Also spiel immer schön weiter deine Pässe zu, mach deine kleinen Babyschrittchen, erfreue dich an deiner Reise und lass dich überraschen.

Sobald du zu dieser inneren Einstellung gefunden hast, wirst du dich entspannen. Das Atmen fällt dir leicht. Du musst dich nicht damit verrückt machen, der Erste sein zu wollen. Du musst nicht darum kämpfen, zur rechten Zeit am richtigen Ort zu sein. Das Universum wird sich im Hintergrund für dich um all diese Einzelheiten kümmern, *solange du da draußen dein Leben lebst.* Auch dann, wenn deine ersten Babyschrittchen dir Lichtjahre von deinem erträumten Leben entfernt zu sein scheinen. So ging es mir vor elf Jahren.

Wie es bei mir funktioniert hat

Ich selbst habe begonnen, mir das Universum nutzbar zu machen, als ich *Infinite Possibilities* entwickelte, das Audioprogramm, das dem gleichnamigen Buch vorausging (Dt.: *Verändere dein Denken, dann hilft dir das Universum*). Das Buch wurde dann zu einem *New York Times*-Bestseller und fächerte sich schließlich in zahlreiche aufregende Einzelprojekte auf. Meine Mutter, mein Bruder Andy und ich hatten gerade unser zehnjähriges Abenteuer mit unserem T-Shirt- und Geschenke-Shop abgewickelt. Während der letzten drei Jahre war es mit unserem Geschäft stetig bergab gegangen. Nachdem wir ohne Erfolg wirklich alles versucht hatten, um diesen Trend umzukehren, und die Pachtverträge für unsere Geschäfte und Lagerhäuser zufällig auch gerade ausliefen, entschieden wir uns, die Firma zu liquidieren, das verbleibende Geld untereinander aufzuteilen und das Abenteuer damit zu beenden. So würde jeder von uns genug Geld haben, um sich eine Weile bequem über Wasser zu halten und sich neu zu positionieren. Wir würden nicht mit unserem sinkenden Schiff untergehen.

»Schiffbruch«

Und so begann die schwierigste, demütigendste und beängstigendste Zeit meines Lebens. Ich musste von vorn anfangen, doch ich hatte keine Ahnung, womit. In beruflicher Hinsicht hatte ich null Schwung. Zwar hatte ich Geld, aber ich hatte auch eine Hypothek auf meinem Haus, und die war um ein Vielfaches größer als meine Reserven. In jenem Jahr wachte ich nachts immer wieder schweißgebadet auf. Das hatte zwei Gründe. Erstens fragte ich mich: »Was habe ich getan, das ich besser nicht getan hätte? Was habe ich nicht getan, was ich aber unbedingt hätte tun sollen? Wieso erleide ausgerechnet *ich* derartig Schiffbruch?« Zweitens hatte ich mich in einen so schrecklichen Geizkragen verwandelt, dass ich die Klimaanlage nur noch anstellte, wenn die Temperatur 28 Grad Celsius überschritt – und das in Florida!

Ich erinnere mich lebhaft an die typischen tropischen Gewitter dieses Sommers mit ihren riesigen weißen Gewitterwolken, die kilometerhoch in den Himmel wuchsen und deren Unterseiten schwarz waren wie die Nacht. Blitze zerteilten den Himmel, und der Donner explodierte über unseren Köpfen und rollte davon bis in weite Ferne. Der Wind wuchs sich zu Stürmen und Böen aus. Zum ersten Mal in meinem Leben bereitete mir der bloße Anblick eines herannahenden Sturms körperliche Angst. Es kam mir so vor, als wollten mich die Gewitter daran erinnern, wie unsicher meine Lebensumstände geworden waren, und ich fürchtete, jeden Augenblick auf Nimmerwiedersehen davongeblasen zu werden.

In dunklen Augenblicken dachte ich mir: »Bei der großartigen Zeit, die ich bei Price Waterhouse hatte, und bei all dem Spaß daran, mit Mum und Andy überall auf der Welt T-Shirts zu verkaufen, hat es vermutlich so kommen *müssen.* Vielleicht ist es jetzt eben für mich an der Zeit, am eigenen Leibe zu spüren, wie alle anderen leben. Möglicherweise liegt der beste Teil meines Lebens schon hinter mir, und ich werde nur noch Geschichten davon erzählen, wie es in Hongkong und bei Price Waterhouse war und wie wir von Tokio bis Helsinki T-Shirts verkauft haben.«

Doch aus diesem »Schiffbruch« erhob sich mein Phönix genau so, wie es *immer* geschieht, wenn wir uns entscheiden weiterzumachen. Komischerweise stelle ich mir bis zum heutigen Tag noch immer die gleiche Frage, die ich damals in die überhitzten Nächte in Florida hinausrief: »Wieso passiert so etwas ausgerechnet mir?« Doch heute stelle ich die Frage aus einer vollkommen anderen Perspektive, und ich weiß die Antwort: *Weil ich mir das Universum und die Magie des Lebens zunutze mache.*

Aus diesem »Schiffbruch« erhob sich mein Phönix genau so, wie es *immer* geschieht, wenn wir uns entscheiden weiterzumachen.

Trotz meiner Ängste und meines negativen Verhaltens, obwohl ich mir morgens, mittags, abends und auch nachts Sorgen machte, obwohl ich meine Klimaanlage nicht mehr einschaltete, mein Kabelfernsehen abmeldete und mein Armutsbewusstsein pflegte – ich dachte, was ich denken konnte, ich sagte, was ich sagen konnte, und tat, was ich tun konnte. Denn ich war sicher, all dies würde ausreichen, um mir wieder Zugang zu meiner natürlichen Neigung zu Erfolg, Gedeihen und Wachstum zu verschaffen.

Und der »Schiffbruch«? Den gab es gar nicht! Die Erklärung hierzu liefere ich im fünften Kapitel: »Die eigenen Überzeugungen auf Kurs bringen«.

Meine Seite des Dreiecks: Dem Universum zuspielen

Damals konnte ich mir nicht erklären, wie ich den Schlamassel zustande gebracht hatte, in dem ich mich plötzlich befand. Aber wie gesagt: Man muss das nicht wissen, um weiter voranzugehen. *Gedanken werden Dinge.* Mach dir klar (wenigstens ganz allgemein), welchen Kurs du einschlagen willst, und dann steuere dein Schiff aus dem Hafen der Untätigkeit. Wenn du nicht weißt wohin, dann setz die Segel nach irgendwo, egal wohin!

Im Folgenden will ich berichten, was ich tat, was davon scheinbar wirkungslos blieb und womit ich die Magie des Lebens anmustern konnte. Ich tue es so ausführlich, damit du meine Ängste und Rückschläge in all ihren Schattierungen nachvollziehen kannst und erkennst, wie »echt« mein Kampf war. Vielleicht findest du Parallelen zu deiner eigenen Reise und erkennst, dass gelegentliche Rückschritte genau die richtige Formel für deinen Erfolg sind.

Wozu ich nicht bereit war

Zwar wusste ich nicht im Einzelnen, in welche Richtung ich segeln wollte – ich hatte nur eine allgemeine Vorstellung von meinem zukünftigen Kurs –, aber ich war bereit, *fast* alles dafür zu tun, um an mein Ziel zu gelangen. Wo auch immer es liegen mochte. Ich war jedoch nicht mehr bereit, Produkte zu verkaufen, auch wenn mir bewusst war, dass ich der Magie des Lebens dadurch Schranken auferlegte. Aber es ist uns gestattet, ein paar Grenzen zu ziehen. Schließlich ist es unser Leben.

Außerdem schwor ich mir, kein Buch zu schreiben. Der Grund: Während meiner T-Shirt-Zeit hatte ich ein paar Sommer lang praktisch jedes Wochenende damit zugebracht, allein zu Hause an einem Buch zu schreiben – aus der falschen Motivation. Ich war auf ein *verflixtes Wie* hereingefallen: Ich wollte ein Buch schreiben, um mich von meinen Alltagssorgen zu befreien und um reich zu werden. Das Buch sollte *Das Zeit-Raum-Kontinuum* heißen. Es war sehr theoretisch und trocken und handelte von unseren Überzeugungen, unserer Vorstellungskraft, unserem Handeln und den Wirklichkeiten, in denen wir leben. Es gab darin nicht eine einzige Geschichte oder auch nur einen

Vergleich mit irgendetwas. Erst am Ende des Prozesses, nach zwei Jahren, erkannte ich, dass das Buch unverkäuflich war. Um die Wahrheit zu sagen: Man konnte es kaum lesen. Ich hatte meine Zeit damit verschwendet, mir zu beweisen, dass ich ein Buch schreiben konnte.

Rückblickend betrachtet, barg mein Scheitern natürlich eine wertvolle Lektion. Ich hatte mich aus den falschen Gründen abgemüht, und weder kam dabei ein akzeptables Ergebnis heraus noch erreichte ich auf diese Weise mein selbst gestecktes Ziel. Ich konnte die Aufgabe, zu der ich angetreten war, nicht meistern, einfach weil ich mir die Sache in den Kopf gesetzt hatte, weil ich mich ihr auf Gedeih und Verderb verschrieb und weil ich den Erfolg erzwingen wollte. Der Druck war viel zu groß, und das Gewicht der Welt auf meinen Schultern machte mich zu einem wirklich schlechten Schreiber.

Wozu ich bereit war

Abgesehen von dieser einzigen Einschränkung war ich bereit, meine Ärmel aufzukrempeln und wirklich alles zu tun, was nötig war. Hier folgt eine Liste dessen, was ich in den folgenden Jahren ausschwitzte, betrachtet aus der Perspektive eines Menschen, der das Universum und die Magie des Lebens anheuert. Ergänzend möchte ich hinzufügen, dass ich all diese Dinge nicht nacheinander tat, sondern mehr oder weniger gleichzeitig. Ich klopfte also nicht nur an eine Tür und wartete, dass sie mir geöffnet würde, sondern ich stürmte sogleich zur nächsten weiter.

Ich brachte meinen Lebenslauf als Vermögensberater auf Hochglanz. Nun, aus dem vorangegangenen Kapitel wissen wir bereits, wie das ausgegangen ist! Kein Job – und das bedeutete für mich, dass ich noch einmal neu über dieses Vorhaben nachdenken musste.

Ich setzte mein Schreiben fort. Auch hierüber habe ich bereits berichtet. Aus meinen wöchentlichen »Montagmorgen-Motivations-Mails« wurde eine tägliche »Silberkugel«. Als ich (aus offensichtlichen Gründen) den Namen dieser Mails ändern wollte, fiel mir ein, dass ich mehr würde sagen können und vielleicht glaubwürdiger klingen könnte, wenn ich aus der Perspektive des »Universums« schrieb.

Ich entwickelte eine Website. Ich verwandelte die alte Homepage des T-Shirt- und Geschenke-Shops in den TUT-Abenteurer-Club, der den »Lebensabenteurern« als Anregung dienen würde.

Ich verkaufte »Überlebens-Kits«. Zwar hatte ich dem Verkauf von Produkten abgeschworen, aber weder die Website noch meine Mails brachten mir auch nur einen Cent ein. Da ich noch Vorräte aus den T-Shirt-Tagen hatte, konnte ich daraus ein kleines Geschenkpäckchen zusammenstellen und es als »Überlebens-Kit« für das Abenteuer des Lebens anbieten. Eine witzige Idee, nicht wahr? In der ersten Woche verkaufte ich ungefähr dreißig Kits und in den folgenden Monaten etwa drei. Nicht wirklich genug, um davon zu leben.

Ich hostete meine eigenen E-Karten. Als ich das Internet durchforschte und die mageren Statistiken meiner eigenen Website studierte, fiel mir auf, dass von einem bestimmten Internetanbieter besonders viele Daten zu mir gelangten. Ich nahm Kontakt mit ihm auf, bedankte mich und bestürmte ihn mit meinen Fragen – und meine Welt änderte sich von Grund auf, wenn auch nicht so, wie ich mir das vorgestellt hatte, und auch nicht so schnell.

Auf den ersten Blick war auf seiner Website nur eine Sammlung inspirierender E-Karten gehostet, zusammengesetzt aus seiner künstlerischen Gestaltung und den klugen Sprüchen irgendwelcher Leute, aus Gedichten und Zitaten. Einige der Zitate stammten von mir und waren Verszeilen aus meiner T-Shirt-Zeit, und der Datenverkehr zu meiner Website kam zustande, weil der Inhaber, um das Urheberrecht zu wahren, auf tut.com verwies. Unter der sichtbaren Oberfläche war die Website jedoch die reinste Gelddruckmaschine, denn der Inhaber verdiente bis zu fünfzehntausend Dollar im Monat damit! Er wies mich jedoch darauf hin, dass sein Einkommen rückläufig war, seit die Dotcom-Blase geplatzt war. Trotzdem hätte ich mein Einkommen liebend gerne mit seinem getauscht.

Er war ein Onlinepionier im Bereich des viralen Marketing, was sich ziemlich schrecklich anhört, aber eigentlich nur bedeutet, dass er die Mechanismen der Mundpropaganda nutzte, um Ideen oder wie in diesem Fall E-Karten zu vermarkten. Wenn beispielsweise jemandem eine E-Karte gefiel, dann schickte er sie an zehn Leute, und jeder von ihnen beglückte weitere zehn Personen damit und sofort. Das ist virales Marketing – es funktioniert wie ein ansteckendes Virus.

Nach dem Versenden der Karte erhält der Versender eine Bestätigungsmail, die mit einem Werbebanner einer großen Firma wie Exxon Mobil, Delta Air Lines oder irgendeiner Kreditkartenfirma versehen ist. Einige dieser Werbekunden zahlten ihrem Host über einen Dollar pro Klick, einige entlohnten den Dienst mit fünf bis fünfundzwanzig Cent und wieder andere, wie die Kreditkartenfirmen, mit bis zu fünfundzwanzig Dollar pro Interaktion, wenn jemand ihr Werbebanner anklickte und eine Kreditkarte beantragte!

Ich bat um Unterstützung. Du gibst dein Bestes, unter Einsatz dessen, was du hast, beginnend dort, wo du jetzt stehst, und unter Berücksichtigung deiner Seite des Dreiecks. Dann vergiss bitte auf keinen Fall, Fragen zu stellen, um Hilfe zu bitten. Sprich mit den Leuten, die auf einem ähnlichen Weg wie du schon ein paar Schritte weiter sind. Bei allen meinen bisherigen Zielsetzungen, sei es als Steuer- und Finanzexperte, als Einzelhändler, als sich entwickelnder Redner, habe ich immer um Unterstützung gebeten und war oft erstaunt darüber, wie hilfsbereit die »Experten« gegenüber einem vollkommen fremden Anfänger waren. Was meine Website betraf, so erklärten mir meine neuen Freunde geduldig *alles,* was ich über das virale Marketing wissen musste. Sie ermutigten mich, es so anzufangen wie sie. Sie gewährten mir Einblick in ihr gesamtes Geschäftsmodell und verrieten mir, welche Firmen sich am besten als Partner für die Bannerwerbung eigneten. So lernte ich auch alles über *Affiliate Marketing,* denn den Firmen gegenüber, für die sie Internethost waren, verhielten sie sich im Grunde wie Schwesterfirmen.

Wahnsinn! Es war unglaublich aufregend! Aus meiner T-Shirt-Zeit hatte ich so viele Verse übrig, dass es für zehn Jahre reichen würde, und die meisten von ihnen eigneten sich hervorragend für E-Karten. Die nächsten drei Monate arbeitete ich in wilder Raserei und hörte vor lauter Begeisterung gar nicht mehr auf zu singen. Ich war mir sicher, dass das Universum im Hintergrund für mich arbeitete, und die Zeitverschwendung, als die sich die Sache im Nachhinein erwies, schien mir »meine Bestimmung« zu sein. Am Ende dieser drei Monate jedoch war die geplatzte Internetblase endgültig in alle vier Winde verstreut, und ich verdiente mit meinen E-Karten nie mehr als hundert Dollar im Monat. Der einzige Lichtblick war, dass meine Karten in dieser Zeit tatsächlich äußerst populär geworden waren. Leider waren sie tatsächlich umsonst, auch auf den zweiten Blick.

* * * Auszeit * * *

Zwei kleine Anmerkungen noch, bevor ich mich der eigentlichen Geschichte wieder zuwende.

Erstens: *Es gibt keine Bestimmung!* Wir sind Schöpfer, und wir erschaffen durch unseren Fokus. Vorbedingungen, Schicksal und Vorbehalte gibt es nicht. Wenn auch nur irgendetwas vorbestimmt wäre, dann würden wir dadurch unsere Freiheit, unsere Macht und unsere Verantwortung einbüßen. Selbstverständlich fühlen sich manche Dinge gut an, und unsere Intuition fordert uns auf, die Gelegenheit beim Schopfe zu packen, also los! Doch lass wegen eines »guten Gefühls« nicht alles fallen, was du bisher angestrebt hast, es sei denn, auch das fühlt sich gut an, widerspricht nicht deiner allgemeinen Vorgehensweise und läuft nicht deinem Verantwortungsbewusstsein entgegen. Mach dein gesamtes Glück nicht vom Gelingen einer einzigen Sache abhängig.

Zweitens: Etwas, was nicht nach deiner Vorstellung klappt, könnte durchaus auf anderem Weg erfolgreich sein. Es könnten sogar noch bessere Wege zu deinem Ziel führen, du musst sie nur erst als solche erkennen.

* * *

Und weiter mit meiner Geschichte:

Ich wurde Mitglied bei Toastmasters. Weil es mir immer solche Freude bereitete, vor Freunden und Angehörigen über das Wesen der Wirklichkeit zu sprechen, und weil ich noch einen zweiten Kurs zum Erfolg abstecken wollte, traf ich die Entscheidung, mich der Welt als professioneller

Vortragsredner zur Verfügung zu stellen. Der Haken an der Sache war jedoch, dass ich rasende Angst davor hatte, vor Publikum zu sprechen. Einmal, als ich noch bei Price Waterhouse gewesen war, hatte ich vor Klienten, Geschäftspartnern und Kollegen mitten im Satz den Faden verloren und mich rettungslos verheddert. Diese Erfahrung lag viele Jahre zurück, doch war sie für mich zutiefst traumatisch gewesen. Dennoch wurde ich Mitglied bei Toastmasters, einer Organisation, die unerfahrenen Rednern hilft, ihre Angst vor öffentlichen Auftritten in den Griff zu bekommen. Ich entdeckte, dass es mir immer gelang, meinen Standpunkt deutlich zu machen – trotz meiner Angst und des Durcheinanders, das sie in meinen Gedanken verursachte. Bisher war mir diese Tatsache vollkommen entgangen. Ganz langsam, von einer Rede über das Leben, über die Träume und das Glück zur anderen, wurde mein Vortrag besser. Ich sprach nicht einfach nur über meine Hunde und über das Bäumepflanzen – ich war den Toastmasters beigetreten, um mein Bestes zu geben, unter Einsatz dessen, was ich hatte. Ich wollte meine eigene berufliche Auferstehung erreichen, und dazu war es nötig, über Themen zu sprechen, die eines Tages vielleicht von Interesse sein würden.

Nachdem ich ein Jahr lang mitgemacht hatte, suchte ich mir zusätzliches Publikum und hielt unentgeltliche Vorträge vor älteren Schulkindern, den Gemeinden der Unity Church und vor Rotariern – obwohl mir solche Auftritte noch immer Qualen bereiteten. Sieben Jahre lang war ich aktives Mitglied bei Toastmasters.

Ich bat um noch mehr Unterstützung. Ich fing an, den Sitzungen des amerikanischen Landesverbands der professionellen Vortragsredner (National Speakers Association) in Lakeland, Florida, beizuwohnen. Eine Mitgliedschaft bei diesem Verband war mir versagt, weil ich kein professioneller Vortragsredner war, doch war es mir gestattet, als zahlender Gast an ihren Sitzungen teilzunehmen. Weil ihre Sitzungen wie Rednerworkshops aufgebaut waren, lernte ich unendlich viel und machte darüber hinaus auch noch die Bekanntschaft zahlreicher interessanter Leute. Einer von ihnen war der Präsident des Ortsverbandes, der, wie ich herausfand, ebenfalls in Orlando lebte. Gemäß meinem eigenen Ratschlag, Kontakt zu Menschen zu suchen, die bereits das tun, was du tun möchtest, rief ich ihn eines Tages an und bat ihn um Unterstützung. »Das ist doch selbstverständlich!«, lautete seine Antwort.

Wir saßen eines Abends bei ein paar Bierchen drei Stunden beieinander und sprachen über nichts anderes als darüber, wie er E-Karten auf seine Website stellen könnte, um die Einkünfte durch Bannerwerbung zu erzielen, die ich mir erhofft hatte.

Als ich an diesem Abend nach Hause fuhr, dachte ich bei mir: »Weißt du was, vielleicht ist das Redenhalten doch nichts für dich.« Doch ein paar Tage später rief er mich an und sagte: »Mike, du hast eine Datenbank mit mehreren tausend Namen, an die du E-Mails schicken kannst, und ich habe eine Datenbank vergleichbarer Größe. Außerdem habe ich einen Freund, der alles über Internetmarketing weiß und der mir geraten hat, ein Audioprogramm aufzunehmen und es im neuen Jahr mit einem Beitrag pro Monat als Abonnement zu verkaufen. Ich hätte dich gerne als Partner. Wir könnten unseren Abonnenten das Programm zum Kauf anbieten, noch bevor wir es überhaupt vollständig entwickelt haben. Um es später zu bearbeiten und zu vervielfältigen, können wir es mit einem kleinen Sony MiniDisc-Walkman aufnehmen.« Ich war fassungslos. Es machte mich sprachlos, dass der Präsident des Ortsverbandes der National Speakers Association *mich* anrief und ausgerechnet *mich* aufforderte, in sein Geschäft einzusteigen!

Dann kam *Infinite Possibilities.* Sofort ließ ich aufgrund dieses Angebots meine zwei Vorsätze fahren, mich weder mit Produkten noch mit Büchern zu beschäftigen. Schließlich waren vollkommen unvorhergesehene Umstände eingetreten. Außerdem würde ich ja gar nicht wirklich ein Buch schreiben, und noch dazu hätte ich einen Partner. Mir fiel ein guter Titel ein, der meinem Partner gleichfalls zusagte: *Infinite Possibilities: The Art of Living Your Dreams* (Unendlich viele Möglichkeiten: die Kunst, die eigenen Träume zu verwirklichen). Insgeheim dachte ich: »Mann, das musst du dir auch mal anhören.«

Nachdem wir ein paar Wochen später jeder in seiner Datenbank unser Vorhaben angekündigt hatten, hatte ich nach einem Tag Abonnenten im Wert von fünftausend Dollar gewonnen und er keine. Als wir unsere Ergebnisse miteinander verglichen, sagte er: »Nachdem du deine Sache so gut gemacht hast, fände ich es nicht fair, wenn wir zusammen weitermachen. Wie wäre es, wenn du mit deiner Variante von *Infinite Possibilities* weitermachst und ich mit meiner?«

Der erste Schock über dieses Angebot verwandelte sich rasch in Begeisterung. Aus zwei Gründen war dies der glücklichste Augenblick eines glücklichen Tages: Erstens war ich mir zu diesem Zeitpunkt *hundertprozentig sicher,* dass ich das Projekt allein zuwege bringen würde, und zweitens hatte ich gerade das erste Jahr meiner unfreiwilligen berufslosen Phase hinter mir und zugesehen, wie sich die Monate in schleppendem Tempo abspulten, während meine finanziellen Rücklagen umso schneller schwanden. Meine monatlichen Kontoauszüge wiesen jede Menge Abbuchungen, jedoch keine nennenswerten Zugänge auf! Etwas Besseres hätte mir zu diesem Zeitpunkt gar nicht passieren können.

Dann verwandelte sich meine Begeisterung schlagartig in Panik! Der 1. Januar, das angegebene Datum für die erste

Folge von *Infinite Possibilities,* war nur noch wenige Wochen entfernt, und ich hatte noch nichts, was ich hätte mailen können! Was meinst du, wo ich in meinem hektischen Umherfuchteln die erste Stunde *Infinite Possibilities* hernahm? Natürlich verhackstückte ich die Reden, die ich in meinem ersten Jahr bei Toastmasters gehalten hatte.

Nach drei Tagen hatte ich die ersten siebzig Minuten aufgenommen. Und für den Februar verwendete ich »Überzeugungen«, das zweite Kapitel aus meinem längst vergessenen Buch über das *Zeit-Raum-Kontinuum,* natürlich gewürzt mit ein paar interessanten Geschichten und Beispielen. Und auch in den folgenden Monaten konnte ich mein altes Buch nutzen, indem ich den Inhalt durch kleine Extras interessanter machte. Es war erstaunlich.

Die Universum-Seite des Dreiecks: Den Punkt machen

Meine zwölfmonatige Reise, deren Höhepunkt die Entwicklung und der Start von *Infinite Possibilities* war, zeigt, wie mein Motto gemeint ist: Du sollst dein Bestes geben, unter Einsatz dessen, was du hast, beginnend dort, wo du jetzt stehst. Und sie zeigt auch, wie dieses Motto zum Erfolg führt, selbst wenn es auf den ersten Blick nicht zielführend zu sein scheint. Für sich genommen, schien nur weniges von dem, was ich damals tat, wirklich Sinn zu ergeben. Doch am Ende wuchs alles zu einem großen Ganzen zusammen, das alle meine Erwartungen übertraf.

Du sollst dein Bestes geben, unter Einsatz dessen, was du hast, beginnend dort, wo du jetzt stehst. Auch dann, wenn es auf den ersten Blick nicht zielführend zu sein scheint.

Meine Freunde hielten mich vermutlich für verrückt, weil ich mich mit allen diesen Kleinprojekten abgab, die noch dazu kein Geld einbrachten, statt mir einen »richtigen Job« zu suchen. Ich schrieb ohne Honorar, entwarf Websites, ohne Geld dafür zu nehmen, und ließ mich für meine Vortragstätigkeit nicht bezahlen. Mein Geschäft mit den E-Karten und den Survival-Kits war gescheitert. Und dann wollte ich ihnen weismachen, dass plötzlich über Nacht der Erfolg an meine Tür geklopft hatte? Nicht besonders glaubwürdig!

Alles, was ich in diesem langen Jahr anpackte, schien zum Scheitern verurteilt. Dennoch: Jede Tür, an die ich geklopft hatte, jeder Stein, den ich umgedreht hatte – all dies zusammen hatte es möglich gemacht, dass mich die Magie des Lebens berührte. Hier folgt, was das Universum für mich getan hat, indem es meine zugespielten Bälle aufgriff.

Was das Universum für mich getan hat

- Ich fand Klarheit im Hinblick auf meine Rückkehr in die Geschäftswelt.
- Ich entdeckte für mich das Schreiben, Unterrichten und die Vortragstätigkeit.
- Ich konnte mein altes Manuskript *Das Zeit-Raum-Kontinuum* ausschlachten; die Zeit, die ich zwei Sommer lang investiert hatte, war nicht umsonst gewesen.
- Meine Erfahrungen mit Toastmasters inspirierten den Inhalt meines Programms und meine Vortragstouren – wenn auch erst ein Jahr später.

- Meine selbst auferlegten Beschränkungen – kein Verkauf von Produkten und keine Bücher – erwiesen sich bald als unsinnig. Meine Teilnahme an den NSA-Versammlungen und meine Bitte um Hilfe für mich als Redner ermöglichten es dem Universum, Besitz von einem mir vollkommen Fremden zu ergreifen. Diesen Mann durchdrang es mit der Mission, Mike Dooley an seinen selbst auferlegten Beschränkungen vorbeizubugsieren. Bei dieser Gelegenheit sorgte er auch gleich noch für das erforderliche Selbstvertrauen, um sich nach Erledigung der Aufgabe sofort zurückzuziehen. Und genau so ist es geschehen!
- Mein »Überlebens-Kit« war zwar nie besonders erfolgreich gewesen, doch immerhin eröffnete es mir den Kreditkartenzahlungsverkehr und brachte mir wertvolle Erfahrungen mit dem Internethandel ein.
- Mein Wissen über E-Karten- und virales Marketing wurde mir recht bald unverzichtbar. Im ersten Jahr verkaufte ich *Infinite Possibilities* nicht nur an meine eigenen Kunden, sondern fast ausschließlich über angegliederte Unternehmen. Zunächst ersetzte ich die Bannerwerbung von Delta Air Lines und anderen Firmen durch Werbung für *Infinite Possibilities,* später suchte ich offensiver nach neuen Werbepartnern für mein Audioprogramm.

An welcher Stelle genau kam das Universum ins Spiel?
Hört sich das alles für dich an wie der unvermeidliche Lohn für harte Arbeit? Machst du Witze? Wir leben in einer Traumwelt! Zufall, glückliches Zusammentreffen, Glück sind Vorstellungen der alten Schule für Naive oder Dumme. *Unsere Gedanken werden Dinge!* Lies dir den nachfolgenden Abschnitt über den wohlüberlegten Lohn des Universums durch, und dann denk darüber nach, wie viele hoffnungs-

volle Schriftsteller und Redner es in den Vereinigten Staaten oder auf der Welt gibt. Wie viele Leute, die davon träumen, Bestseller zu schreiben, weltweit auf Vortragsreise zu gehen und vor Tausenden Zuhörern zu sprechen. Hat nicht ein Gutteil von ihnen mindestens genauso hart gearbeitet wie ich und trotzdem nicht den ersehnten Lohn erhalten?

Warum war ausgerechnet ich erfolgreich?

Ich war erfolgreich, und du wirst es sein, weil:

1. Wir ein umfassendes Verständnis von unserer Kommandogewalt haben (ob du sie nun Gott oder dir selbst zuschreibst, spielt keine Rolle), das wir nicht verwässern oder durch Unsicherheit und Zweifel blockieren.

2. Wir beständig davon träumen, »mehr« vom Leben zu bekommen, und uns dabei nicht selbst im Weg stehen (siehe fünftes Kapitel »Die eigenen Überzeugungen auf Kurs bringen«, wo du die entsprechende Unterstützung bekommst).

3. Wir unser Handeln fortgesetzt auf unsere Träume ausrichten und täglich etwas (irgendetwas!) für die Erfüllung unserer Träume tun, um damit die Magie des Lebens für uns einzusetzen.

Mit diesem Minimalbeitrag in Sachen Richtungsvorgabe sorgst du dafür, dass das Universum mit seiner gesamten Magie deine Segel füllt. Es weiß, wie deine Träume verwirklicht werden können. Bisher bist du davon ausgegangen, dass du allein dafür zuständig bist. Nochmals: Der Mensch will gedeihen (die Hintergründe hierzu erkläre ich in aller Ausführlichkeit in *Verändere dein Denken, dann hilft dir das Universum*). Wenn wir die Mechanismen durchschauen, an unserem Traum festhalten und auf Kurs bleiben, dann wirkt das in dieser Welt so, als riefen wir Legionen aus dem Bereich des Unsichtbaren herbei, damit sie im Hintergrund bewirken, was wir wollen.

In meinem Leben war es so, als hätte sich alles, all die kleinen Babyschrittchen, zusammengetan, um irgendwie das Universum und die Magie des Lebens ins Boot zu holen und so die Entstehung von *Infinite Possibilities,* seinen Start und vieles mehr zu ermöglichen. Diese kleinen Schritte machten viel mehr möglich, als ich mir damals vor elf Jahren, als ich mich vor Gewittern fürchtete, hätte vorstellen können. Es ist nicht gelogen, wenn ich sage, dass das Jahr bis zur Freischaltung von *Infinite Possibilities* mit verborgenen Wundern vollgepackt war. Und es hat seitdem nicht mehr aufgehört.

Die geholten Punkte

- Das Erdenken und Verkaufen von *Infinite Possibilities* hat mir nicht nur Freude und Erfüllung gebracht (neben allen Herausforderungen), sondern mir auch so hohe Einnahmen beschert, dass ich in den folgenden sieben Jahren alle meine Projekte damit finanzieren konnte.
- *Infinite Possibilities* verhalf mir in den Jahren nach der Freischaltung als junger Vortragsredner zu höherer Glaubwürdigkeit. Das Programm bestand schließlich aus zwölf Stunden mit dem Besten, was ich zu bieten hatte.
- Ich fing an, meine kleinen Vorträge vor der Unity Church vorab meinen Abonnenten zu schicken, und fiel dadurch, ohne es zu planen oder zu wissen, Leuten auf,

die nach guten Rednern suchten. In der Folge wurde ich als Referent nach Holland und London eingeladen und konnte so meine erste weltweite Tournee angehen. Durch sie entwickelte ich das Selbstvertrauen und die Fähigkeit, für das Folgejahr auf eigenes Risiko Vorträge in anderen großen Städten von Australien bis in die Schweiz vorzubereiten.

- Meine erste Welttournee führte zur zweiten und zu weiteren und verschaffte mir die Gelegenheit, vor Menschen unter anderem in Auckland, Moskau, Johannesburg und Istanbul zu sprechen.
- Mein täglicher *Gruß vom Universum* besteht bis zum heutigen Tag fort, und ich habe bisher über zweitausend dieser Texte verfasst. Durch diese Mails lernte mich Rhonda Byrne kennen, und sie zeigte sich von ihnen in ausreichendem Maße beeindruckt, um *Infinite Possibilities* für ihren iPod zu abonnieren, lange bevor sie mich zur Teilnahme an ihrem Filmprojekt *The Secret* einlud.
- Nach meinem Beitrag in *The Secret* wurden Verlage auf meine Arbeit aufmerksam (sie brauchen manchmal etwas mehr Zeit, um Trends zu erkennen!), und das vorliegende Buch ist nun mein neuntes in den letzten vier Jahren.
- Als *Infinite Possibilities* später in Buchform veröffentlicht wurde, fand es sich rasch auf der Bestsellerliste der *New York Times* wieder.
- Weil ich es als Autor auf die *New York Times*-Bestsellerliste geschafft hatte, wurden ausländische Verlage auf mich aufmerksam, und seither sind etliche meiner Bücher in über fünfundzwanzig Sprachen übersetzt worden.
- Mittlerweile verfüge ich über ein großes Büro in Orlando (in einem Gebäude, das passenderweise »Himmel« heißt), das als TUT-Zentrale fungiert und in dem ich

fünf wunderbare Angestellte beschäftige. Gemeinsam bestreiten wir die E-Mail-Kommunikation mit mittlerweile vierhunderttausend Menschen, betreiben eine Homepage mit Tausenden von Seiten, den Handel mit einer Vielzahl von inspirierenden Produkten, angefangen bei Schmuck bis hin zu DVDs, organisieren meine Welttourneen und ein gemeinnütziges Projekt (»Gifts from the Universe«), mit dem wir mehr als dreihunderttausend Dollar für verschiedene Wohlfahrtsorganisationen gesammelt haben. Für dieses Projekt halte ich auch mehrmals im Monat Vorträge über die Magie des Lebens und ihre Macht – vor den Insassen des Orange-County-Gefängnisses in Florida.

Und dazu kommt noch all das, was gegenwärtig hinter den Kulissen geschieht! Nein, ich habe keine Ahnung, wohin das alles führt, aber ich habe keinen Zweifel, *dass* es geschieht! Nur weil wir nicht erkennen, wie sich etwas im Verborgenen entwickelt, heißt das nicht, dass es nicht geschieht. Das hat meine Geschichte hoffentlich ausreichend illustriert. Es geschieht, solange wir – du und ich – nur bereit sind zu träumen und unsere kleinen Babyschrittchen zu machen, auch wenn wir nicht wissen, wohin sie uns führen oder wie sie uns einmal von Nutzen sein können.

Und falls noch irgendwelche Zweifel bestehen, sei zum Schluss noch einmal gesagt: *Ich liebe mein Leben* – in sozialer, romantischer, spielerischer und professioneller Hinsicht.

Lass das Universum die Punkte verbinden

Dem nachfolgenden »Gruß« kann man entnehmen, was in unser aller Leben geschieht, wenn wir einen Traum aktiv verfolgen:

Gruß vom Universum

Halt! Stopp! Nein! Nein! Nein!
Du hast gerade über das »Wie« nachgedacht, stimmt's?
Darüber, wie du von hier nach dort gelangen kannst – das verflixte Wie. Ein Horror, nicht wahr?
Es gibt kaum etwas, was einen Menschen mehr entmutigen kann als der Versuch, das Unsichtbare mit dem Verstand zu erfassen. Du spürst sofort, dass es hoffnungslos ist, und damit hast du recht.
Menschen sind unfähig, das Unsichtbare mit dem Verstand zu durchdringen!
Aber ich kann das.
Du musst lediglich festlegen, was »dort« für dich ist, und dein Bestes geben. In jede Richtung, die sich für dich richtig anfühlt, und ohne dich auf eine von ihnen festzulegen. Tu die logischen Dinge: Klopf an Türen, dreh Steine um. Tu die spirituellen Dinge: visualisieren und dösen. Und überlass die Zufälle, glücklichen Umstände und die spontanen Erleuchtungen mir.
In gewisser Weise ist es so, als würdest du Farbe an die Wand spritzen und es mir überlassen, die Punkte miteinander zu verbinden. Denn genau das werde ich tun, und das entstehende Meisterwerk wird dich aus den Socken hauen. Das verspreche ich.
Denn was meinst du wohl, wer der Mona Lisa ihr Lächeln gegeben hat?
Spaghettiiii,
das Universum

PS: Hey, toll, die Sache mit dem Dösen, nicht wahr? Musste dabei an dich denken.

Sobald du deine Hände in den Farbeimer tauchst und die Farbe an die Wand spritzt – eine Metapher für das Aktivwerden, auch wenn es, mit dem Auge der Vernunft betrachtet, sinnlos scheint –, wirst du so sehr in deiner Tätigkeit versinken, dass du gar nicht mitbekommst, was vor dir entsteht. Bis du eines Tages innehältst, um deine Schöpfung zu betrachten, und das erstaunlichste Meisterwerk vor dir siehst, dessen Entstehung du jemals beobachtet hast. Es ist, als hätte sich das Universum eingeschlichen, während du damit beschäftigt warst, dein Bestes zu geben, unter Einsatz dessen, was du hast. Als hätte es sich eingeschlichen und für dich die Punkte verbunden. Als wäre zu deinem höchsten Erstaunen jeder einzelne Punkt, selbst der abgelegenste, für das Gesamtbild von entscheidender Bedeutung. Als würde jeder Punkt von der göttlichen Intelligenz sorgsam miteinbezogen.

In ähnlicher Weise wirst du eines Morgens aufwachen, dich umblicken und dich wundern, welche Rolle du gespielt hast – mit all deinen Zweifeln und Befürchtungen und unterwegs mit winzig kleinen Babyschrittchen –, um dieses erstaunliche Leben hervorzubringen, das du jetzt führst.

Wie beim Segeln

Stell dir vor, du wärst der Besitzer einer großartigen Yacht und im Begriff, zu einem wundervollen Segeltörn aufzubrechen. Du kannst so viele Freunde mitnehmen, wie du willst, und außerdem deine liebsten DVDs und CDs, deine bevorzugten Speisen und Getränke. Angenommen, dein Boot liegt in San Diego und du hast dich entschieden, nach Tahiti zu segeln – und vielleicht danach noch weiter. Wie weit würdest du mit deinen Freunden wohl kommen, wenn ihr euch gleich nach eurem Eintreffen an Bord in die Kajüte zurückzieht und euch nur noch der Vorfreude auf eure Reise hingebt? Ihr würdet nirgendwohin kommen. Auch wenn ihr *The Secret* tausend Mal zusammen anseht: Das Schiff legt davon nicht ab.

Nach Tahiti kommst du nur, wenn du erst einmal die einfachsten und grundlegendsten Maßnahmen ergreifst. Du musst die Leinen losmachen und ablegen. Du musst den Motor anwerfen, damit du aus dem Hafen fahren kannst. Und dann musst du – so leid's mir tut – das riesige, zweihundertfünfzig Kilogramm schwere Segel mit Hilfe von Geräten und Freunden hissen, damit die magischen Winde des Universums es füllen und dich zu jedem Hafen auf unserem blauen Planeten bringen können, den du anlaufen willst. Aber für uns ist die schwere Arbeit in Form der kleinen Schrittchen getan, sobald wir uns in den Wind begeben, den die Magie des Lebens bewirkt. Wir haben es *so* leicht!

Doch wir neigen dazu, zu viel zu analysieren, und machen uns damit verrückt. Schließlich landet man nicht gleich in Tahiti, nur weil man die Segel gesetzt hat. »Hallo, mein Ausbilder hat mir erklärt, wir könnten überallhin gelangen, aber bei mir klappt das nicht. Offenbar blockieren mich irgendwelche einschränkenden Überzeugungen, die ich noch nicht aufgespürt habe. Vielleicht halte ich mich nicht für gut genug. Oder aber, die Sache dient mir gar nicht. Könnte auch sein, dass ich mir in einem zurückliegenden Leben etwas habe zuschulden kommen lassen.« Unsinn! Es klappt auch bei dir! Du bist gut genug! Doch du musst deinen Dienst übernehmen, immerzu, jeden Tag und unabhängig davon, wie die Dinge aussehen. Und dann – vielleicht nicht über Nacht, möglicherweise dauert es ein paar Jahre – wirst du derjenige sein, der anderen beibringt, wie die Sache funktioniert.

Der eigentliche Grund, warum der frühe Vogel den Wurm fängt

Es ist leicht, das Universum und seine Magie im Leben von erfolgreichen Menschen zu erkennen. Ich nehme beides in erfolgreichen Unternehmern aus meinem Bekanntenkreis wahr. Möglicherweise haben sie nicht die geringste Ahnung vom Universum und der Magie des Lebens, doch irgendwie wissen sie, dass sie die einfachsten, grundlegendsten Dinge tun müssen, die sie für wunderbare Gelegenheiten bereit machen. Erfolgreich sind sie deshalb, weil sie, erstens, einem Ziel und einer Vision folgen. Und weil sie, zweitens, dieses Funkeln in den Augen haben, das bedeutet, dass sie alles tun wollen – was auch immer erforderlich ist. Sie geben automatisch ihr Bestes, unter Einsatz dessen, was sie haben, beginnend dort, wo sie gerade stehen. Und sie sind sich nicht zu schade dazu, sich mit untergeordneten Tätigkeiten abzugeben, insbesondere zu Beginn ihres Törns.

Als ich meinen Schulabschluss machte und zusammen mit meinen Altersgenossen zum College wechselte, da blieb ein Freund aus Kindertagen zurück und suchte sich einen Job in der Gastronomie. Geschirr abräumen und so. Jedes Frühjahr und in allen Ferien, wenn ich nach Hause kam, setzten wir zwei uns zusammen und tauschten uns aus. Aber uns beiden war nicht besonders wohl dabei. Er fühlte sich abgehängt, weil seine Freunde zum College aufbrachen und in die Welt hinausgingen.

Eines Tages während der Ferien kamen meine anderen Freunde und ich wieder mit ihm zusammen und erfuhren, dass er die Gastronomie verlassen hatte. Er war nun im Verkauf tätig und handelte mit Leitern. »Gut gemacht! Wir gratulieren! Nach oben gibt es keine Grenzen!«, riefen wir und bemühten uns redlich, die neue Richtung in seinem Leben positiv zu bewerten. Nachdem er unsere gutgemeinten Wünsche entgegengenommen hatte, bremste er uns. Er wollte uns sein Sortiment zeigen. Um ihn bei Laune zu halten, stimmten wir zu.

Und wir erlebten echte Begeisterung! Er hatte die Aufgabe, zu der er angetreten war, wirklich gemeistert! Als er seinen zehnminütigen Vortrag abgeschlossen hatte, verspürten wir alle nicht nur den Wunsch, bei ihm unbedingt eine Leiter zu kaufen, wir wollten außerdem sofort in sein Unternehmen einsteigen! So erging es jedem, dem er ein Angebot machte. Er fand seine Käufer in Feuerwehrstationen, Schulen und überall sonst in ganz Florida. Als ich das nächste Mal nach Hause kam, war er der erfolgreichste Leiternverkäufer in den gesamten Vereinigten Staaten. Später wechselte er ins Geschäft mit Baugerüsten. Er belieferte die Bauunternehmen, die Bürotürme für Floridas boomende Wirtschaft bauten. Eine Goldgrube! Als ich das letzte Mal von ihm hörte, hatte er sein Leitern- und Baugerüstegeschäft um das Standbein Gastronomie erweitert, diesmal als Eigentümer, und plante eine Restaurantkette. Sein Erfolg war unermesslich und überstieg alles, was uns vermeintlich »glücklicheren« College-Absolventen erst noch gelingen musste. Und wenn man mich fragt, warum er so erfolgreich ist, dann sage ich: Weil er bereit ist, sein Bestes zu geben, unter Einsatz dessen, was er hat, beginnend dort, wo er sich gerade befindet.

Der eigentliche Grund, warum der frühe Vogel den Wurm bekommt, ist nicht, weil er so früh aufsteht, sondern weil er *vor Ort* ist. Er ist da, und das Universum versorgt ihn. Wie ich bereits zu Beginn des Kapitels andeutete: Der einfache Aktionsplan, den du für die Verwirklichung deines Traums erdenken und umsetzen musst, umfasst nicht viel mehr, als körperlich vor Ort zu sein. Das bedeutet, du musst in aller Bescheidenheit in die Welt hinausgehen, voranschreiten, da sein und das *verflixte Wie* der Magie des Lebens überlassen.

Gruß vom Universum

Es ist wahr: Der frühe Vogel fängt den Wurm.
Gleiches trifft zu für den späten Vogel und für den, der zwischen den beiden auftaucht.
Denn es ist Teil des Plans, dass immer mehr als genug Würmer vorrätig sind.
Um die Wahrheit zu sagen: Der einzige Vogel, der keinen Wurm bekommt, ist der, der nicht hinausgeht, um sich einen zu holen.
Toll, das Leben!
Das Universum

Hör mir genau zu!

Um sicherzugehen, dass hier keine Missverständnisse auftauchen, und damit ich niemals irgendwo im Internet etwas lesen muss wie: »Mike Dooley wirbt dafür, dem eigenen Herzen zu folgen und dem Universum zu vertrauen«, möchte ich noch einmal klar und deutlich sagen, dass es das *nicht* ist, wofür ich werbe. Vor allem anderen geht es in diesem Kapitel darum, aktiv zu werden, und das bedeutet:

1. zu wissen, was du selbst erledigen musst und was du der Magie des Lebens überlassen darfst,

2. bereit zu sein, *alles und jedes* zu tun, damit dein Traum wahr werden kann, unter Hinzuziehung deines Verstandes dein Bestes zu geben, unter Einsatz dessen, was du hast, beginnend dort, wo du jetzt stehst,

3. dein Herz und dein Hirn zu benutzen, damit du auf einen Kurs gelangst, der dir auf der Basis deines Kenntnisstandes zu diesem Zeitpunkt in jeder Hinsicht (auch in finanzieller) hilft, deiner Verantwortung gerecht zu werden und deine Träume zu verwirklichen.

Bei all den Türen, an die ich klopfte, war mir schmerzhaft bewusst, dass mir langsam, aber sicher das Geld ausging. Also wählte ich von vornherein nur Türen aus, hinter denen Geld verdient wurde. In gewisser Weise könnte man sagen, dass ich im Rahmen meiner Glaubenssätze aktiv war, ohne diese Glaubenssätze im Einzelnen beim Namen zu nennen. Ich beharrte nicht darauf, Wasser aus einem Stein zu schlagen. Weil ich in der Position war, mich treiben lassen zu können, war ich bereit, es mit den altbewährten Geschäftsmodellen als Vortragsredner und Autor und all dem anderen zu versuchen, wenn auch auf etwas unkonventionelle Weise und für eine Weile auch ohne Verdienst. Wäre ich in einer anderen Lage gewesen, hätte ich verzweifelt dringend Geld gebraucht oder Rechnungen zu bezahlen gehabt – ich versichere dir, ich hätte zur Not einen Job in der örtlichen Pizzeria angenommen oder die Steuererklärungen für die Lohnsteuerhilfe gemacht.

Und dieses Zugeständnis hätte ich als Schritt betrachtet, der es mir ermöglicht, gleichzeitig meinem Herzen zu folgen und mir meinen »unprofitablen« Nebenjob leisten zu können, wenn auch vielleicht nicht auf diesem hohen Niveau.

Ich hebe die Bedeutung des Handelns deshalb hervor, weil es – verbunden mit dem Erkennen deiner Wirklichkeit und deiner allgemeinen Wünsche und Zielsetzungen – genau das Mittel ist, um das Universum und die Magie des Lebens für dich einzuspannen.

Zusammenfassung

- Um das eigene Leben zu verändern, reicht es niemals aus, sich von der Magie des Lebens in Aufregung versetzen zu lassen. Du musst dich in ihre Reichweite begeben – indem du aktiv wirst.
- Finde einen gesunden Mittelweg zwischen dem »Maßnahmenkatalog« der alten Schule und dem »mühelosen Erschaffen« nach den Vorstellungen der neuen Schule.
- Du musst die Welt materiell in Anspruch nehmen und umgekehrt, damit du ein durch und durch spiritueller Mensch sein kannst.
- Manchmal ist gerade die Vernunft der beste Weg zur Spiritualität.
- Aktiv sein ist deshalb erforderlich, damit das Universum sich an dem Spiel beteiligt.

Anregende Übungen

Die Dreieckübung

Finde anhand der Dreieckübung heraus, in welchen Schlüsselbereichen deines Lebens du etwas verändern und deine Träume verfolgen möchtest. Nutze hierzu die Vorgaben für das Diagramm aus der »Dreieckübung« im Kapitel »Dritter Schritt: Dienst tun und Order geben«.

VIERTER SCHRITT: Das Universum anheuern

Denken, Sagen und Tun – diese drei Aktivitäten sind der Hebel, mit dem du Einfluss auf die Magie des Lebens und das Universum nehmen kannst. Sie gestatten es dir, aus dem geringsten Einsatz den größten Profit zu schlagen. Im Unsichtbaren werden deine Gedanken, Worte und Taten in einem solchen Maß verstärkt, dass sie in der Zukunft als physische Manifestationen zu dir zurückkehren. Wenn du darüber nachdenkst, dann wird dir rasch klar, dass deine Gedanken, Worte und Taten deine *einzigen* Berührungspunkte mit dem Universum sind. Selbstverständlich sind auch unsere Gefühle, Intentionen und Wünsche wichtige Faktoren, doch sie alle werden letztlich durch unsere Gedanken, Worte und Taten offenbart (oder installiert). Und so wird deutlich: Wer Veränderungen bewirken will, der muss sich dieser Berührungspunkte so klug wie möglich bedienen und sorgsam mit ihnen umgehen.

Um echte Veränderungen in unserem Leben zu bewirken, ist es erforderlich, dass wir uns auf defensive Weise unserer alten Gewohnheiten und Eigenheiten bewusst sind. Nur so vermeiden wir es, ungewollte Gedanken, Worte und Taten hervorzubringen, die uns schaden. Zugleich gehen wir mit den Gedanken, Worten und Taten in die Offensive, die unsere Sache am meisten fördern und nach vorne bringen. In diesem Kapitel will ich näher erklären, was es mit *defensiven* und *offensiven* Gedanken, Worten und Taten auf sich hat.

Gruß vom Universum

Ein wenig bekanntes Geheimnis zum Leben im Dschungel von Zeit und Raum lautet: So hoch du deine Ziele auch steckst, du wirst sie immer übertreffen. So groß du deinen Traum auch träumst, was du erreichst, wird immer noch großartiger sein. Sosehr du auch liebst, du wirst noch viel mehr geliebt werden. Wir nennen es das Gesetz des gesteigerten Ertrags.
Ich liebe dich noch viel mehr,
das Universum

An deinen Gedanken arbeiten

Jede Zeit-Raum-Manifestation beginnt mit einem Gedanken. Alle deine Gedanken beginnen mit deiner Entscheidung, sie zu denken – manchmal bewusster, manchmal unbewusster, doch es steht außer Frage, dass wir selbst die Quelle unserer Gedanken sind. Indem wir die Macht unserer Gedanken erkennen, wird uns auch unsere gewaltige Verantwortung bewusst. In Anbetracht unseres natürlichen Optimismus und unserer Neigung zum Erfolg ist diese Verantwortung letztlich nicht halb so beängstigend, wie sie auf den ersten Blick zu sein scheint.

In der Defensive

Zunächst wollen wir die Gedanken aus einer defensiven Perspektive betrachten. Ich habe einmal einen Buchtitel gesehen, der in etwa lautete: *Den Luxus negativer Gedanken kannst du dir nicht erlauben.* Auf der Ebene der Manifestation, auf der wir leben, liefert dieser Titel wirklich eine sehr treffende Zusammenfassung! Wie ich bereits in *Verändere dein Denken, dann hilft dir das Universum* erklärt habe, sind unsere positiven Gedanken um ein Vielfaches mächtiger als die negativen. Dennoch: Auch negative Gedanken gelangen ins Unsichtbare, nehmen Einfluss auf die Personen und Umstände unseres Lebens, weil auch sie in der Zukunft zu den Dingen und Ereignissen unseres Lebens werden wollen. Ohne Zweifel schadet es uns also, wenn wir negativ denken, über Geschehenes klagen oder traurigen Erinnerungen an die Vergangenheit nachhängen.

Ein defensiver Umgang mit den Gedanken ist im Grunde leicht zu erlernen und ergibt sich automatisch, sobald man sich ihre wahre Macht bewusst macht und die Tatsache erkennt, dass auch sie schließlich zu den Dingen und Ereignissen unseres Lebens werden. Negative Gedanken kann man so bekämpfen, wie wir im Computer Viren mit einem Antivirenprogramm bekämpfen. Man denkt wochen-, ja monatelang gar nicht daran, dass man ein Antivirenprogramm laufen hat, bis es eines Tages ein Virus entdeckt. Plötzlich unterbricht dich das Programm in deinem Tun und teilt dir mit, dass dein System infiziert ist.

Der defensive Umgang mit den Gedanken funktioniert insofern ähnlich, als man nicht jeden Morgen auf seine To-do-Liste schauen muss, um sich daran zu erinnern, die eigenen Gedanken genau zu beobachten. Für gewöhnlich reicht es aus, wenn du dir die allmächtigen Zusammenhänge und ihren Einfluss einmal bewusst und dir klarmachst, dass du unangenehme Dinge in deinem Leben verankerst, wenn du dich zu sehr mit ihnen beschäftigst. Wenn dein Denken das nächste Mal nach unten abtaucht, dann wird es dir bewusst, und du kannst reagieren. Falls du dazu neigst, dich selbst zu bemitleiden, dann fang noch heute an und tu dein Bestes, um diese Gedanken durch solche zu ersetzen, die für dich und deine Fortschritte förderlich sind.

Damit meine ich *nicht,* dass du so tun sollst, als existierten deine negativen und ängstlichen Gedanken nicht. Ich fordere dich vielmehr dazu auf, deine negativen, dich einschränkenden, ängstlichen Gedanken ins Licht der Wahrheit zu halten. Wenn du dir Sorgen über deine Fähigkeit machst, in Zukunft genug Geld zu verdienen, dann konfrontiere diese Gedanken mit der Tatsache, dass du ein Lichtwesen bist, dem keine Grenzen gesetzt sind und dem alles möglich ist. Und zieh in Betracht, was du bisher in diesem Buch gelesen hast. Erinnere dich daran, dass die materielle Welt eine illusionäre Welt ist und dass du Einfluss auf diese Illusionen hast. Und bedenke: Was einem Einzelnen gelungen ist – etwa ein Comeback oder das Erklimmen des höchsten Gipfels –, kann allen Menschen gelingen.

Oft kannst du deine destruktiven Gedanken bereits auflösen und durch andere, dienlichere ersetzen, indem du sie ins Licht der Wahrheit hältst. Dieses Verfahren einzuüben fällt relativ leicht, und ein wenig Beharrlichkeit führt rasch zu immer besseren Ergebnissen.

Negative Gedanken, die sich verselbständigen

Solltest du dich einmal von Ängsten und Sorgen überwältigt fühlen: Entspann dich! Früher geriet ich jedes Mal in Panik, wenn negative Gedanken meinen Kopf in Besitz nahmen. Angesichts der Maxime *Gedanken werden Dinge* hatte ich dann das Gefühl, dem Untergang geweiht zu sein. Doch als ich vor Jahren sicher glaubte, demnächst bei Price Waterhouse rauszufliegen, machte ich eine äußerst hilfreiche Entdeckung: Möglicherweise scheitern wir manchmal daran, die sich verselbständigenden negativen Gedanken und Ängste zu stoppen, doch wir können immer noch positive Gedanken als Gegengewicht in Gang setzen.

Mögen sich die negativen Gedanken auch verselbständigen: Tu du dein Bestes, um sie nicht zu unterstützen. Setz dich vielmehr einmal am Tag hin und gib dich glücklichen und inspirierenden Gedanken hin. Wenn es dir hilft, dann verbinde diese positiven Gedanken mit Bildern; ich komme auf dieses Hilfsmittel gleich noch einmal zurück und erkläre, wie das geht.

Wenn deine negativen Gedanken und die Krise dahinter allerdings jenen ähneln, mit denen ich mich damals auseinandersetzen musste, dann werden sie auch während deiner geheiligten Sitzungen unbeschwerten Denkens nicht zum Stillstand kommen. Mach dir deshalb keine Sorgen. Halte trotzdem an deinem Programm fest. Gib dein Bestes, wie schwer es dir auch fällt. Bleib jeden Tag fünf Minuten lang still sitzen und stell dir vor, zu welchem guten Ende deine Krise kommt. Oder visualisiere die *Zeit nach deiner Krise* und male dir, mit einem Lächeln auf deinem Gesicht, ein ruhiges Meer und eine sanfte Brise aus. Bis zum heutigen Tag hat mir diese kleine Übung über alle durch Krisen hervorgerufenen und sich verselbständigten negativen Gedanken hinweggeholfen.

Wie funktioniert das? Weil wir dazu neigen, uns positiv zu entwickeln – schließlich ist das ja der Grund für unsere Anwesenheit in Zeit und Raum –, sind unsere positiven Gedanken zehntausendmal mächtiger als die negativen. Außerdem wirst du ja nicht nur jeden Tag heilige fünf Minuten lang deinem neuen Kurs folgen, sondern auch darüber hinaus dein Bestes in Worten und Taten geben, um das Universum anzuheuern. Und dieser Einsatz an mehreren Fronten zugleich wird immer ausreichen, um einen Gezeitenwechsel hervorzurufen.

In die Offensive gehen

Es ist leicht, mit den eigenen Gedanken in die Offensive zu gehen. Man nennt das »visualisieren«. Es gibt nur weniges, was man mit so geringem Aufwand in so kurzer Zeit erreichen kann, um damit große Veränderungen im eigenen Leben in Gang zu setzen. Falls du eines meiner anderen Bücher gelesen hast, kann es dir so vorkommen, als wiederholte ich mich, weil ich nun wieder übers Visualisieren spreche. Doch dieses Hilfsmittel ist einfach zu großartig, um es neu hinzugekommenen Lesern vorzuenthalten. Und wir übrigen vergessen nur allzu gerne, was wir an diesem erstaunlichen Hilfsmittel haben.

Kreatives Visualisieren

In *Die Matrix der Wunscherfüllung* habe ich meine sechs Richtlinien für kreatives Visualisieren zugänglich gemacht. Auf den nachfolgenden Seiten findet sich eine Zusammenfassung mit kürzeren Erklärungen und weniger theoretischem Unterbau. Diesen Richtlinien folge ich selbst so genau wie möglich. Ich visualisiere wochentags jeden Morgen bei mir daheim, bevor ich ins Büro gehe (an den Wochenenden habe ich frei!). Aber selbstverständlich handelt es sich bei diesen Richtlinien nicht um Gesetze, sondern um Vorschläge. Du kannst deine eigenen Vorlieben und Betrachtungen einbauen, sobald du mit der Methode vertraut bist.

1. *Visualisiere einmal täglich.* Mehr ist nicht nötig. Außerdem willst du dich ja nicht in irgendeiner Phantasie von

der Zukunft einrichten und dein jetzt schon spannendes Leben verpassen.

2. *Visualisiere keinesfalls länger als fünf bis zehn Minuten pro Mal.* Auch hier gilt, mehr ist nicht nötig. Ich stelle meine Eieruhr gewöhnlich auf vier Minuten. Überschreitest du diese Dauer, dann läufst du Gefahr, ins Tagträumen abzugleiten, und kommst womöglich zu dem falschen Schluss, dass du nicht fähig bist zu visualisieren.

3. *Male dir jedes nur denkbare Detail aus:* Aussehen, Klang, Farbe, Beschaffenheit, Geschmack. Sorge mit den Mitteln deiner fünf Sinne dafür, dass die Szene vor deinem inneren Auge so echt und lebendig wie möglich erscheint. Falls es dir nicht gelingt, beim Visualisieren Bilder zu schaffen, dann nutze für dich die nächste Richtlinie.

4. *Empfinde die einhergehenden Gefühle.* Emotionen sind der Turbolader für die Maxime *Gedanken werden Dinge.* Wenn du es mit den gewünschten Veränderungen in deinem Leben eilig hast, dann empfinde Freude, während du visualisierst! Falls es dir nicht gelingt, beim Visualisieren innere Bilder entstehen zu lassen, dann ist das Empfinden von Gefühlen dein bester Ausweg. Wende dich gleich diesem allerwichtigsten Baustein des Visualisierens zu. Schließlich suchen wir alle ja letztlich nach emotionaler Freude, warum also beim Visualisieren nicht gleich die Abkürzung nehmen?

5. *Rücke dich selbst in die Mitte des Bildes.* Achte darauf, dass du dich selbst und dein Leben – nicht irgendwelche anderen Leute! – in den Mittelpunkt deines Visualisierens stellst. Um es dir leichter zu machen, berühre in deiner Vorstellung die Dinge deiner Umgebung, hör die Musik,

sieh den Ausdruck auf den glücklichen Gesichtern der Menschen, die auf dich und deine Anwesenheit reagieren.

6. *Geh vom Endergebnis aus oder sogar von der Zeit, nachdem du es erreicht hast.* Denk beim Visualisieren niemals auch nur im Entferntesten an das *verflixte Wie.* Erschaffe eine Szene oder eine Emotion, die dich spüren lässt, dass du die Erfüllung deiner Träume bereits erreicht hast.

Wie man fokussiert, wenn man sich mehr als eine Sache wünscht

Eine Frage, die mir häufig gestellt wird, lautet: »Wenn ich nur fünf bis zehn Minuten täglich visualisieren soll, wie soll ich in diese Zeit all die Veränderungen quetschen, die ich mir in allen Bereichen meines Lebens wünsche?« Auf diese Frage gibt es keine einfache Antwort, da natürlich jeder so visualisiert, wie er es eben möchte. Doch es gibt ein paar Herangehensweisen, die vielleicht hilfreich sind, wenn du dich mit der Vielzahl von Veränderungen überfordert fühlst.

Glück

Die vielleicht beste Methode ist es auch hier, sich auf die Freude zu konzentrieren. Stell dir vor, dass es dir so richtig gutgeht. Ja, warum soll man sich überhaupt Reichtum und Fülle wünschen? Doch nur, weil man meint, dann glücklicher sein zu können, oder? Wir glauben, dass Reichtum uns von Einschränkungen und Zwängen befreit und uns daher glücklich macht. Warum sollte man sich einen neuen Partner wünschen? Doch wohl, um glücklicher zu sein. Warum wünschen wir uns neue Freunde, eine bessere Gesundheit, neue berufliche Perspektiven oder kreative Erfüllung? Hinter all diesen Wünschen steht die Sehnsucht nach mehr Glück.

In gewissem Sinne sind all die konkreten Dinge, die du in deinem Leben anstrebst, letztlich nur ein Sprungbrett zu mehr Glück. Mit anderen Worten: Alles, was konkreter ist als der Wunsch nach Glück, ist im Grunde ein *verflixtes Wie,* das größeres Glück herbeiführen soll. Da wir von Haus aus spaßverliebte Geschöpfe des Universums und eingefleischte Materiemanipulatoren sind, ist es unser Privileg, unsere materielle Welt so auf die Bühne zu bringen, wie wir sie uns vorstellen. Schließlich erkläre ich meinem Publikum immer wieder, dass Materie nichts als reiner Geist ist! Vergiss nicht, dies alles ist Gott und deshalb gut. Es ist kein Fehler, materialistisch eingestellt zu sein, vorausgesetzt, du hast auch noch andere Interessen und deine materialistische Einstellung macht dich nicht unglücklich.

Wir leben auf der Ebene der Manifestation und sind die Protagonisten eines gewaltigen Abenteuers. Wir sind geborene Schöpfer, und das Formen, Sammeln und Gestalten von Materie ist eine unserer Spezialitäten. Folglich gibt uns unser Leben die Möglichkeit, auf der Suche nach mehr Glück unsere Fähigkeiten auszuleben. Im Großen und Ganzen ist genau das einer der Gründe, warum wir überhaupt hier sind: um unsere Göttlichkeit und unsere Macht kennenzulernen. Wenn wir uns jedoch zu sehr auf ein Ziel versteifen, auf einer bestimmten Veränderung beharren, in jeder Manifestation unser Lebensglück zu sehen glauben und die Pracht all dessen missachten, was bereits ist und was wir bereits sind, dann überanstrengen wir uns und behindern zugleich das Universum.

Statt sich Details, Umstände und Ereignisse vorzustellen, ist es eine gute Alternative, jene fünf bis zehn Minuten tägliches Visualisieren der Vorstellung von sich selbst als glücklichem Menschen zu widmen. Nicht nur wegen der Glücksgefühle, die während der Übung aufsteigen werden, sondern auch deshalb, weil das Universum weiß, wie es dir diese Gefühle auf unserer Ebene der Manifestation bescheren kann. Und um dich in deinem Leben so glücklich zu machen, wie du es bist, während du visualisierst, verändert es dein Leben in materieller Hinsicht so lange, bis mehr Glück entsteht.

Gruß vom Universum

Glück, mein Liebchen, ist das, was die Welt am Laufen hält. Außerdem öffnet es die Schleusen, ordnet die Kräfte, befehligt die Elemente, lässt die Sonne aufgehen, bringt die Sterne in Stellung, macht dein Herz schlagen, heilt den Schmerz, bewirkt Fortschritt, bringt neue Freundschaften hervor, schafft wahre Liebe, bestimmt die Richtung, schwenkt den Zauberstab, verbindet die Punkte, nährt deinen Geist, befreit deine Seele, stellt die Welt auf den Kopf und bezahlt den Zinseszins.
Gerät leicht in Vergessenheit.
In diesem Sinne, nur weiter so,
das Universum

* * * Auszeit * * *

Die Magie des glücklichen Denkens und Fühlens

Wenn du positive Emotionen zum Ausdruck bringst und sie auf die Ebene der Manifestation gelangen, wie reagiert dann das Universum? Schließlich sind diese Emotionen Gedanken, und als solche neigen sie dazu, Dinge zu werden. Das

Universum kann dir aber schließlich keine Kiste voller Freude oder irgendein Geschenk aus Dankbarkeit zurückschicken. Was tut es also? Es ordnet die Personen und Dinge in deinem Leben in materieller Hinsicht auf eine Weise neu an, dass sie dir genau das bringen, was du zuvor in deinen Gedanken ausgesendet hast! Auf diese Weise werden unsere Gedanken zu Dingen! Auch wenn du dir nur ein neues Auto wünschst, es lässt sich nun mal nicht aus der dünnen Luft pflücken! Vielmehr müssen Umstände geschaffen werden, die dich auf den richtigen Kurs führen (während du selbst ebenfalls in diese Richtung unterwegs bist), dich zum richtigen Augenblick an den richtigen Ort bringen und dir die Ideen eingeben, mit denen du an das Geld für deinen Traumwagen kommst.

Das bedeutet letztlich, dass du dein Denken gar nicht in jedem Detail unter Kontrolle haben musst, um die *Dinge* zu bekommen, die du dir wünschst. Wenn du Glück visualisierst – reines Glück –, dann unterstellst du damit dein Wohlergehen in allen Bereichen deines Lebens. Wenn du dich im Geiste darauf konzentrierst, glücklich zu sein, und dein Ziel mit deinem Handeln untermauerst (die zweite Voraussetzung für jegliche Veränderung), dann wird davon dein gesamtes Leben auf allen Ebenen beeinflusst. Schließlich heißt Glücklichsein, Freunde zu haben, gesund zu sein, ausreichend Ressourcen zu besitzen und eine ganze Reihe anderer Dinge, die du dir im Vorfeld gar nicht vorgestellt haben musst.

* * *

Gut mischen!
Wenn du dir Veränderungen in vielen Bereichen deines Lebens wünschst, dann kannst du einen klaren Fokus auch erlangen, indem du dir einen Plan machst. Zum Beispiel kannst du montags Beziehungen, dienstags kreativ erfüllende Arbeit, mittwochs Fülle und so fort visualisieren. Wie gesagt, es gibt keine festen Regeln.

Das ersehnte Ziel als Gesamtbild
Außerdem kannst du eine Szene in deinem neuen, umwerfenden Leben visualisieren, die große Veränderungen in vielen Lebensbereichen nahelegt. Zum Beispiel könntest du dich mit deiner neuen (oder erneuerten) Liebe auf dem Weg zu einem Urlaub in einem Fünf-Sterne-Hotel in Hawaii sehen. Mit dieser Reise wollt ihr einen in eurem Leben erreichten Meilenstein feiern (oder einen ersehnten Berufswechsel, den lukrativen Verkauf der eigenen Firma, die Leistungen eines eurer Kinder und so fort). In den Erste-Klasse-Kabinen auf eurem Luxuskreuzfahrtschiff befinden sich eure liebsten Freunde und Familienangehörigen, die euch in den Urlaub begleiten, um mit euch zu feiern. Ihr lacht, prostet euch zu, macht Fotos und erzählt euch gegenseitig von den Drachen, die ihr auf dem Weg zu dieser Feier besiegt habt, von den verschiedensten Hindernissen, die ihr überwunden habt.

Ihr seid nicht nur deshalb aufgeregt, weil euch bei eurer Ankunft Freunde mit Blütenketten empfangen werden. Ihr erwartet außerdem einen Makler, der euch Vorschläge für ein neues Feriendomizil unterbreitet, und noch dazu den Leiter der von euch gegründeten gemeinnützigen Organisation, mit Plänen in der Tasche, um eine Zweigstelle in Oahu zu eröffnen.

Abgehoben? Allerdings! Materialistisch? Das ist nur *eine* Möglichkeit. Realistisch? Solche Dinge passieren jeden Tag!

Das Szenario unterstellt, dass du die Liebe deines Lebens gefunden (oder wiedergefunden) hast, gesund genug bist, um zu reisen, massenhaft Freunde und finanzielle Unabhängigkeit hast, kreativ erfüllt bist, dich entwickelst und immer mehr zu dem Menschen wirst, der du gerne sein möchtest. Und diese vorgestellte Szene musst du nur ein paar Minuten lang aufrechterhalten, damit du das alles für dich eroberst! Und am nächsten Tag stellst du dir eine ähnliche Episode mit vergleichbaren Schlussfolgerungen vor.

Listen für die Liebe

Bei verschiedenen Gelegenheiten haben mich Frauen gebeten, ihnen beim Visualisieren von Liebe zu helfen. Für gewöhnlich haben sie eine Liste mit den Eigenschaften ihres Traumpartners im Kopf, doch dann geht etwas schief. Wie oft habe ich zu hören bekommen: »Und natürlich hatte er jede der Eigenschaften, die ich mir gewünscht habe, aber er war verheiratet! Ich habe vergessen, mir vorzustellen, dass er Junggeselle sein soll!« Also machen sich die betroffenen Frauen selbst für ihre Misere verantwortlich, weil sie es versäumt haben, dem Universum dieses wichtige Detail ihrer Wunschliste mitzuteilen. Es ist richtig, dass wir unsere Wünsche so eindeutig wie möglich formulieren müssen, doch das Universum kennt dich und weiß, wonach du suchst. Es wird dir keinen üblen Streich spielen und spotten: »Ätschibätschi, du hättest dir ›alleinstehend‹ wünschen müssen. Du hast mir nichts davon gesagt, wie hätte ich es also wissen können?«

Es gibt eine ganze Reihe von Erklärungen für solche Manifestationen, aber bestimmt nicht die, dass das Universum haarspalterisch veranlagt ist. Es könnte zum Beispiel sein, dass der Prozess noch in vollem Gange war, und du der eigentlichen Person noch gar nicht begegnet bist. Du hast vielleicht nur geglaubt, dass dieser verheiratete Mann die erwartete Manifestation ist, und durch dein entsprechendes Denken die Begegnung mit dem eigentlichen »Richtigen« blockiert! Oder aber es liegt an einschränkenden Überzeugungen, die du möglicherweise hast, wie etwa: »Die Guten sind doch sowieso schon vergeben« (also lernst du einen Vergebenen kennen). Auch widersprüchliche Überzeugungen im Hinblick auf neue Beziehungen und/oder die Ehe könnten eine Erklärung sein.

Es ist richtig, dass wir unsere Wünsche so eindeutig wie möglich formulieren müssen, doch das Universum kennt dich und weiß, wonach du suchst.

Gleichwohl möchte ich hinzufügen: Es kann auch sein, dass du in deine Liste der erwünschten Endergebnisse zu viele Details aufgenommen hast. Sie dienen weit mehr deiner Erbauung und sind viel weniger eine eindeutige Formulierung für das Universum. Letztlich bringen sie die Frage zum Ausdruck, ob du wirklich weißt, was du willst. Je eindeutiger wir unsere Wünsche formulieren, desto eindeutiger reagiert die Magie des Lebens. Damit will ich sagen: Falls du vergisst, ein bestimmtes Detail im Hinblick auf dein Traumleben oder deinen Traumpartner zu bedenken, dann musst du dir keine Sorgen machen, ob du dich durch deine unbeabsichtigte Unterlassung womöglich selbst sabotierst. Viel wichtiger ist es, dass du zum Glück als deinem letztendlichen Endergebnis zurückkehrst und dir vorstellst, dass damit auch alle Detailfragen geklärt sind.

Eine meiner Lieblingsstellen in der Bibel lautet: »Euer Vater weiß, wessen ihr bedürft, ehe ihr ihn bittet.« (Matthäus 6,8) Und das ist kein Wunder, denn schließlich reicht dein höheres Selbst weit über dich selbst hinaus und schließt das gesamte Universum mit ein. Das Universum weiß ganz genau, was dich glücklich macht. Visualisieren und Mantras und alles andere, was du einsetzt, um Gedanken heraufzubeschwören, sind nur Hilfsmittel, mit denen wir das Universum und die Magie des Lebens anheuern, unser Denken ausrichten, uns unsere Wünsche bewusst machen. Wir beginnen ganz einfach dort, wo wir jetzt gerade stehen, und handeln.

Mantras formulieren und anwenden

Um deine Gedanken zu fokussieren und zu intensivieren und um außerdem ein zu breites Spektrum an erwünschten Veränderungen einzuschränken, kann es sinnvoll sein, ein Mantra zu formulieren – ein knapper Satz oder eine Aufzählung, die du still oder laut für dich selbst wiederholst. Als ich meine Aufgabe im Nahen Osten abgeschlossen hatte und wieder in Boston wohnte, wollte ich fast alles in meinem Leben ändern. Also überlegte ich mir vier Schlüsselbegriffe, die meine Prioritäten eingrenzten, und sprach sie mir im Rhythmus meiner Schritte beim Nachhausegehen von der Arbeit vor: »Ich bin glücklich, spirituell, international und Millionär … Ich bin glücklich, spirituell, international und Millionär.«

Ich wollte *glücklich* sein – dabei hätte ich es belassen können, doch als »Materiemanipulator« hatte ich meine Vorlieben und wollte eindeutig sein. *Spiritualität* ist mir wichtig. Meinen göttlichen Ursprung und die wahre Ursache für die Umstände, denen wir in Zeit und Raum begegnen, wollte ich keinen Moment aus dem Blick verlieren. Außerdem wollte ich *international* sein. Ich hatte bereits im Ausland gelebt und war viel gereist. Davon wollte ich mehr, viel mehr. Und zuletzt, um auf der sicheren Seite zu sein, wollte ich *Millionär* sein. Diese vier Dinge deckten alles ab, was mich am meisten beschäftigte. Mein kleines Mantra war mir ein echter Lichtblick. Ich war froh, eindeutig alles benennen zu können, was mir wichtig war. Außerdem gestattete es mir mein Mantra, offensiv zu sein und Gedanken zu produzieren, die zu meinen Zielen passten.

Wenn ich mein Mantra auf dem Weg von und zur Arbeit (stumm) vor mich hin sagte, sorgte ich dafür, dass ich dabei auch immer Glück empfand (aus den bereits genannten Gründen: das ist es, was wir wirklich wollen, und es unterstellt, dass vieles in unserem Leben wirklich gut läuft). Ich *empfand,* wie es sich anfühlt, glücklich, spirituell, international und Millionär zu sein. Mit jedem Schritt, den ich machte, brachte ich mich mehr in Stimmung und wiederholte die Worte für mich immer wieder. Wenn ich zurückdenke, dann stelle ich fest, dass ich dabei gar nicht so viele Bilder im Kopf hatte, aber das ist nicht schlimm, denn Gefühle sind viel wichtiger. Gefühle sind das, worum es geht, und Mantras können dir helfen, sie zu empfinden.

Wie ich als Schriftsteller mit meinen Gedanken in die Offensive gehe

Ich fühle mich geschmeichelt, wenn man mich nach dem täglichen Schreibprozess fragt, in dem die *Grüße vom Universum* entstehen. Ich tue das Folgende:

Erstens visualisiere ich das gewünschte Gefühl – das Endergebnis. Nachdem ich die *Grüße* nun schon seit Jahren schreibe, weiß ich genau, wie es sich anfühlt, wenn ich einen richtig guten Text verfasst habe. Es kommt oft vor, dass ich die Arme hochreiße und jubele und irgendetwas rufe wie: »O mein Gott, ich liebe meinen Job. Ist doch irre, dass ich den mache. Ich darf vor allen anderen lachen!« So sporne ich mich an, meist noch während ich über das lache, was ich gerade in die Tastatur hacke.

Da ich so vertraut mit dieser Art emotionaler Freude bin, kehre ich den Prozess um, um genau diese Gefühle auszulösen. Ich beginne, indem ich mir das erwünschte Endergebnis in meinem Kopf vorstelle. Wenn ich visualisiere, dann stelle ich mir genau diese Freude vor, reiße die Arme hoch und jubele, weil ich weiß, dass ich sie physisch auf der Ebene der Manifestation nur dann erleben kann, wenn ich gut schreibe! Das bringt die Magie ins Spiel! Die Kreativität! Die tollen Ideen! Diese Magie und die Ideen kommen im zweiten Schritt hinzu.

Zweitens, ich beginne dort, wo ich gerade bin, und werde aktiv. Ich schreibe auf, was immer mir in den Kopf kommt. Manchmal ist es Wortsalat, manchmal Unsinn. Nur selten weiß ich, wohin die Reise führt. Doch indem ich aktiv werde, nachdem ich das Endergebnis mit meinem emotionalen Visualisieren programmiert habe, manifestiere ich schließlich – meist brauche ich dazu eine Stunde oder länger – genau die Gefühle, die ich zuerst ausgesandt habe. Doch dieses Mal sind sie die Folge meines guten Schreibens.

Mit dieser zweigliedrigen Herangehensweise kann man in Zeit und Raum *alles* herbeiführen.

Gruß vom Universum

Es ist merkwürdig, aber die Inspiration kommt meist nicht vorher, sondern erst dann, wenn man sich bereits auf den Weg gemacht hat.
Also los, brich das Eis! Zieh dein Ballettröckchen an, dreh dich, greif nach dem Himmel, und innerhalb kürzester Zeit wirst du sie von den Sitzen reißen.
Oder denke ich etwa an den Falschen?
Hölerödideldö!
Das Universum

Werde aktiv, egal wie!

Gerade habe ich erklärt, dass ich täglich visualisiere, um mein Schreiben zu unterstützen. Tue ich dies *zusätzlich* zu meinen täglichen fünf oder zehn Minuten? Ja, allerdings brauche ich für mein schriftstellerisches Visualisieren nur ungefähr eine Minute. Erinnere dich: Es gibt keine Regeln, ich mache hier lediglich Angebote.

Doch nun möchte ich noch einmal zu dem täglichen Visualisieren von fünf bis zehn Minuten zurückkehren. Fünf bis zehn Minuten sind das Maximum, nicht das Minimum. Wenn du kürzer visualisieren willst, kein Problem. Kurzes Visualisieren (von wenigstens einer Minute) ist vermutlich nutzbringender als langes, weil du frisch bleibst und nicht so leicht ins Tagträumen abgleitest. Wenn es sich für dich richtig anfühlt, dann versuche mehrmals täglich zwei bis drei Minuten am Stück zu visualisieren. Du könntest dich dabei jedes Mal auf einen anderen Bereich konzentrieren. Auf dem Weg zur Arbeit würdest du zum Beispiel Erfolg im Büro visualisieren. Zu Hause angekommen, malst du dir in aller Deutlichkeit ein glückliches Leben mit Freunden und Bekannten aus. Wenn du mit einem neuen Projekt beginnst, wie ich es jeden Tag mit meinen Grüßen vom Universum tue, dann versetz dich in dieses Gefühl von emotionaler Befriedigung oder Euphorie und visualisiere es.

Und falls du mal eine Woche oder einen Monat oder auch zwei Jahre zu visualisieren vergisst, mach dir keine Sorgen: Fang einfach neu an, wo du jetzt gerade stehst. Viele Menschen haben nie regelmäßig visualisiert und dennoch erstaunliche Erfolge in ihrem Leben gefeiert. Sie haben sich ihrer Vorstellungskraft instinktiv und automatisch bedient. Sie haben sich immer aktiv auf die Erfüllung ihres Traumes zubewegt. Das kannst du auch.

Doch du hast einen Vorteil. Du weißt, wie Muhammad Ali zum größten Boxer aller Zeiten und wie J. K. Rowling eine große Erzählerin wurde, um nur zwei allseits bekannte Persönlichkeiten zu nennen. Sie hatten eine Vision von ihren gewünschten Endergebnissen. Und sie haben ihr Bestes gegeben, unter Einsatz dessen, was sie hatten, beginnend dort, wo sie sich gerade befanden. Noch viel leichter wird all das für denjenigen, der begreift, wie das Universum und seine Magie funktionieren. Wenn du dir das alles vor Augen führst, warum solltest du dann nicht visualisieren?

Gruß vom Universum

Sieh an, sieh an, da bist du ja wieder! Ganz oben, Herrscher der Welt! Was für ein Bild! Wie herrlich! Halleluja!
Neue Freunde zum Toben, wilde Tiere, die dein Selbstbewusstsein spüren, und Kinder, die dir mit Ehrfurcht begegnen. Lachen klingt dir in den Ohren, Tränen des Glücks benetzen deine Wangen, und deine Arme schmerzen von all den Umarmungen.
Meine Güte, wenn deine alten Freunde dich sehen könnten, sie würden in Ohnmacht fallen.
Du hast wohl visualisiert, stimmt's?
Ich freu mich für dich,
das Universum

PS: Schon merkwürdig, wie sehr sich ein paar Minuten tägliches Visualisieren davon unterscheidet, die ganze Zeit ununterbrochen an irgendetwas zu denken.

An deinen Worten arbeiten

Nun wollen wir uns mit unserer Sprache befassen und ihren defensiven und offensiven Charakter voneinander unterscheiden lernen. Unsere Worte sind nichts anderes als unsere Gedanken, doch hat sich eben die Intensität genug aufgebaut, um sie uns von der Zunge rollen zu lassen. Auch unsere Handlungen sind nichts anderes als unsere Gedanken, doch ist ihre Intensität so groß, dass sie uns in Bewegung setzen. Wenn wir also über unsere Worte und über unser Tun sprechen, dann sind wir wieder bei den Gedanken, die zu Dingen werden, diesmal jedoch mit soliderer Basis und vielfältigerer Hebelwirkung und daher mit mehr Ideen und Hilfsmitteln.

In der Defensive sein

Ich möchte mit einem *Gruß* beginnen, der vom Verstehen handelt. Wie in *Verändere dein Denken, dann hilft dir das Universum* dargelegt, ist Verstehen tatsächlich ein Lebenselixier. In seinem Gefolge kommen Selbstvertrauen, Klarheit und Führung. Wenn wir verstehen, dann wissen wir, wie wir denken, wie wir sprechen und wann wir unabhängig von den Umständen handeln sollen.

Gruß vom Universum

Was wäre, wenn du »es« plötzlich, wie von Blitz und Donner gerührt, kapieren würdest?
Wenn du unter anderem mit einem Mal die kreative Macht deiner Worte verstehen würdest? Meinst du, du würdest jemals wieder Floskeln gebrauchen wie »Das ist schwer«, »Das funktioniert nicht«, »Irgendetwas stimmt nicht mit mir« oder »Keine Ahnung«?
Nee, bestimmt nicht – nie wieder.
Du hast »es«.
Das Universum

Kapiert? Es reicht nicht, das Prinzip *Gedanken werden Dinge* zu verstehen und dann gewohnheitsmäßig vor Freunden beispielsweise darüber zu klagen, dass du schon beim Anblick von Essen zunimmst. Denn auch negative Äußerungen setzen das Universum in Gang. Selbstverständlich haben deine Zwangslagen und ungünstigen Umstände ihre Berechtigung, wenn auch nur eine sehr kleine: Solche Gefühle dürfen kurz zugelassen werden, um sie vor einem Therapeuten, Coach oder besten Freund zum Ausdruck zu bringen und dann zu ersetzen, damit das Leben weitergehen kann. Doch rate ich dir, deine Zuhörer sorgfältig auszuwählen, denn wohlgemeinte Anteilnahme in Form von Sätzen wie »Ist es nicht furchtbar?«, »Das Leben ist so gemein!« oder »Ja, kann man es glauben?« beauftragen dennoch die Elemente und die Kräfte der Natur, deine Situation durch entsprechende »Zufälle« aufrechtzuerhalten.

Und auf der Ebene der Manifestation ist es unmöglich, etwas – irgendetwas! – zu sagen, ohne damit die Umstände zu beeinflussen, die du als Nächstes erlebst. Negative Aussagen wie »Du wirst es kaum glauben, aber jetzt habe ich schon wieder einen Typen kennengelernt, der mich wie

Dreck behandelt«, »Schon wieder hat mich jemand abgezockt« oder »Da habe ich doch tatsächlich noch einen Lügenbold kennengelernt« teilen dem Universum ausdrücklich mit, dass dies deine Lebensumstände sind. Und es reagiert mit Umständen und Manifestationen, die zum Ausdruck bringen: »Roger, kapiert. Mehr von der Art ist auf dem Weg!« Wir ernten, was wir säen.

Auf der Ebene der Manifestation ist es unmöglich, etwas – irgendetwas! – zu sagen, ohne damit die Umstände zu beeinflussen, die du als Nächstes erlebst.

Auch selbstkritischer Humor sollte aufgegeben werden, es sei denn, man verdient seinen Lebensunterhalt als Komiker. Zum kurzfristigen Amüsement mag er ja taugen, doch ist das die Sache wert? Wie oft hast du Leute schon sagen hören: »Ich bin ein Idiot!« Auch wenn es nur witzig gemeint ist: Das Universum wird reagieren, wenn du es nur oft genug wiederholst, denn je häufiger du solche Aussagen aufwärmst, zum Schluss wirst du daran glauben!

Ich bin so müde

Meine erste anständige Lektion zum Umgang mit Sprache erhielt ich, als ich in der Highschool meine erste feste Freundin hatte. Ich erinnere mich gut daran, wie sehr ich die Augenblicke verabscheute, in denen uns beiden nicht einfiel, was wir hätten sagen können. Im Stillen fragte ich mich, ob ihr wirklich der Gesprächsstoff ausgegangen war oder ob sie es sich vielleicht gerade anders überlegte. In meinem Kopf raste es. »Habe ich etwas Dummes gesagt? Mag sie mich nicht mehr? Könnte das der Anfang vom Ende sein?«, fragte ich mich. Weil ich jung war und ahnungslos und verliebt, plapperte ich einfach über irgendetwas weiter.

Genau zu diesem Zeitpunkt hatten wir daheim Besuch von meinem Onkel aus England. Er hatte einen Satz, den er immerfort wie ein Mantra wiederholte: »Ich bin so müde. Ich bin einfach am Ende!« Da ich das Schweigen zwischen meiner Freundin und mir nicht ertrug und bereit war, irgendetwas zu sagen, egal was, übernahm ich, ohne es überhaupt zu bemerken, den Ausspruch meines Onkels. »Mann o Mann, bin ich müde heute. Ich bin vielleicht müde. Bist du auch so müde? Ich bin einfach nur am Ende!« Ich kann dir versichern, auf diese Weise kann man junge Liebe nicht fördern, denn das sind eben nicht nur Worte. Nach und nach war ich tatsächlich dauernd müde und fühlte mich ausgepumpt!

Schließlich fragte mich meine Freundin: »Mike, warum bist du immer so müde?« Und ich wusste wirklich nicht, was ich darauf antworten sollte! Ich hatte vollkommen vergessen, dass der Satz ursprünglich nur als Lückenfüller gedacht gewesen war. Inzwischen aber sagte ich ihn, weil ich wirklich müde war!

Obwohl ich damals von der Maxime *Gedanken werden Dinge* noch nichts wusste, hatte ich bereits begonnen, mich mit der Macht des Geistes zu beschäftigen. Eines Tages wollte ich ausprobieren, was wohl geschehen würde, wenn ich nicht mehr dauernd sagte, dass ich müde sei. Wahnsinn! Meine Verjüngung in den darauffolgenden Tagen war atemberaubend, fast beängstigend! Beängstigend deshalb, weil ich darüber nachdenken musste, was wohl geschehen wäre, wenn ich nicht aufgehört hätte, von meiner Erschöpfung zu sprechen. Oder wenn ich andere destruktive Dinge über mich gesagt hätte, die dann wahr geworden wären!

Ich bin sicher, du kannst dir gut vorstellen, dich so, wie ich es getan habe, künstlich selbst müde zu machen, indem du tagein, tagaus davon sprichst. Stimmt's? Aber angenommen, du wachst morgen früh auf und fühlst dich bombig, bereit zum Bäumeausreißen, der König oder die Königin deiner Wirklichkeit? Voller Begeisterung und Freude, dir dessen bewusst, dass deine Gedanken zu den Dingen und Ereignissen deines Lebens werden? Was würde geschehen, wenn du, obwohl du dich großartig fühlst, behauptest, dass du müde bist? Wenn du es oft genug wiederholst – auch wenn es gar nicht der Wahrheit entspricht –, könnte es dir gelingen, dich selbst müde zu manchen? Ja, daran besteht kein Zweifel.

Wir wollen noch eine Schaufel drauflegen. Angenommen, du behältst diese List bei und willst tatsächlich müde werden, obwohl du es nicht bist. Dann darfst du keine Bücher mehr lesen, die dich an die Macht deiner Worte erinnern und an den Einfluss, den sie auf deine Umwelt ausüben. Außerdem musst du die Angebote von Angehörigen, Freunden, Therapeuten und Trainern ausschlagen, die dir helfen wollen, deine »Erschöpfung herbeizuführen«. Du bist auf dich allein angewiesen. Meinst du, es könnte dir dennoch gelingen, müde zu werden? Ja, das würde dir richtig gut gelingen!

Verstehst du jetzt? Begreifst du, wie unglaublich leicht es ist, Veränderungen in deinem Leben auszulösen? Fang einfach an, indem du so von dir sprichst, als wärst du bereits die Person deiner Träume, und von deinem Leben, als sei es das Leben deiner Träume und alle deine Wünsche seien erfüllt! Erkennst du nun auch, dass all das, was du zu Beginn deines neuen Kurses von dir behauptest, noch gar nicht wahr sein muss? Es kann gar nicht wahr sein; sonst würdest du dir ja keine Veränderungen wünschen! Fang also an, diese Dinge auszusprechen, insbesondere dann, wenn sie noch nicht Bestandteil deines Lebens sind – genau dann musst du am meisten über sie sprechen! Und verstehst du jetzt, dass du keine weiteren Bücher und CDs mehr brauchst (*nach* meinem natürlich!)?

Du benötigst keine Hilfe und Unterstützung von außen. Und es ist auch nicht erforderlich, dass du deine Phobien bekämpfst, deine Kindheit aufarbeitest oder herausfindest, wer du im 12. Jahrhundert warst! Selbstverständlich haben Bücher, Freunde und Therapien noch immer ihren Platz, doch ich behaupte, dass du nun fähig und mächtig genug bist, um dein Leben zu verändern. Du kannst es tun, indem du dir deine Gedanken und Worte auf kluge und dir dienliche Weise zunutze machst.

In die Offensive gehen

Man kann mit Worten nicht nur Einfluss auf die eigene energetische Leistungsfähigkeit nehmen, sondern auf alles! Erst einmal kannst du damit anfangen, dass du Aussagen wie die folgenden triffst:

- »Ich bin umgeben von Reichtum und Fülle.
- Alles, was ich berühre, verwandelt sich in Gold.
- Ich genieße öffentliche Auftritte.
- Ich bekomme nie einen Jetlag.
- Ich sage immer genau zum richtigen Zeitpunkt die richtigen Dinge zur richtigen Person.
- Ich bin immer zur rechten Zeit am rechten Ort.
- Mein Leben ist so leicht.
- Ich weiß, was ich heute, morgen und für den Rest meines Lebens tun will.
- Ich bin mir vollkommen im Klaren und absolut sicher.«
- Und dann ist da natürlich noch mein Lieblingssatz aus *Die Matrix der Wunscherfüllung:* »Ich bin so fotogen. Von mir gibt es kein schlechtes Foto.«

Zu all dem habe ich viele Male Einwände wie die folgenden gehört: »Mike, ich komme mir vor wie ein Lügner, wenn ich behaupte, dass alles, was ich berühre, zu Gold wird. In Wirklichkeit bin ich mit fünfzigtausend Euro in den Miesen!« Und ich entgegne: »Welche Wirklichkeit?«

Wir sind Lichtwesen, denen keinerlei Grenzen auferlegt sind und denen alles möglich ist. Im Augenblick leben wir in einer Traumwelt – in einer Welt, die aus unseren Gedanken entsteht. In dieser Welt sind wir nicht mehr als das, was wir zu sein meinen und behaupten. Wir dürfen uns unsere Perspektiven und die Wahrheiten, auf die wir uns konzentrieren, wählen. Alles ist möglich, und jeden Tag werden weltweit Träume *tatsächlich* wahr. Ist es nicht eine Lüge zu sagen, dass du pleite, einsam oder krank bist, wenn du dich zugleich als göttlich siehst? Schon möglich, dass du dich vorübergehend irgendeinem Armutsbewusstsein hingegeben hast und gegenwärtig nicht ganz flüssig bist, aber bedeutet das denn, dass du ein »armer Mensch« bist? Es kann sein, dass du heute arm bist, aber du bist kein *Armer,* und diese Bezeichnung macht außerdem keinerlei Aussage über deine Zukunftsperspektive. Du bist reich. Du wurdest reich geboren. Und du wirst immer reich sein in einer Welt, die sich deinen Gedanken, Worten und Taten unterwirft.

Was sich heute manifestiert, hat seinen Ursprung in den Gedanken, Worten und Taten von gestern. Was sich morgen manifestiert, formt sich auf der Basis dessen, was wir heute denken, sagen und tun. Wir alle hier befinden uns auf einer Reise in Zeit und Raum; unser Leben ist ein im Entstehen begriffenes Werk. Einen beliebigen Tag aus unserer Reise auszuwählen, um mit seiner Hilfe zu definieren, »wer wir sind« – das ist, als würden wir ein Buch bis zur Hälfte lesen und dann eine Kritik darüber schreiben.

Natürlich rate ich nicht dazu, Hinz und Kunz von deiner gegenwärtigen »Wirklichkeit« zu erzählen oder davon, wie du dich selbst siehst. Wähle deine Worte so, dass sie zu den Menschen passen, in deren Gesellschaft du dich befindest. Doch bei echten Freunden, die wissen, worum es geht, und vor dir selbst sollen deine Worte die Schöpfung preisen, die dein Leben ist.

Gruß vom Universum

Erstaunlich, aber wann hast du zum letzten Mal in den Spiegel gesehen und dich selbst als »großartig«, »wunderbar« oder »einzigartig« bezeichnet?
Das ist wichtig.

Ich schau dir in die Augen, Großes.
Das Universum

An deinen Taten arbeiten

Handeln ist vermutlich unser mächtigstes Mittel. Indem wir uns selbst dabei beobachten, wann und wie wir handeln, erhalten wir nicht nur wertvolle Informationen über unser Denken und somit die Gelegenheit, unser Denken und Handeln zu korrigieren, sondern wir können auch bewusst gegen unsere gegenwärtigen Umstände handeln, sie beeinflussen und verändern.

In der Defensive sein

Bei einer defensiven Vorgehensweise geschieht nichts anderes, als dass wir unsere Gedanken und Worte gezielt einsetzen. Beobachte dich in deinem Verhalten. Falls du jede Woche im Supermarkt immer nur die einfachsten und billigsten Produkte in deinen Einkaufswagen legst, dann mach dir das bewusst. Was teilst du durch dein Handeln dem Universum über deinen Glauben an Fülle und massenweise vorhandene Ressourcen mit? Höchstens, dass du ihn nicht hast.

Hältst du dich bei der Suche nach Beziehungen zurück? Vielleicht möchtest du nicht, dass dir wieder das Herz gebrochen wird, und daher öffnest du dich deinem neuen Partner nicht. Hältst du es bei der Arbeit vielleicht ebenso und bringst dich nicht ganz und gar ein? Wenn diese Beispiele auf dich zutreffen, schickst du eine Botschaft an das Universum. Sie könnte lauten: »Schwere Zeiten im Anmarsch!« Und das Universum reagiert: »Alles klar, schwere Zeiten kommen wie bestellt.« Überprüfe dich, halte dein Handeln ins Licht der Wahrheit, verändere dein Denken und dein Verhalten mit einem Vertrauensbeweis, der deinen Glauben an dich, deine Stärke und deinen Erfolg unterstellt.

In die Offensive gehen

In die Offensive gehen heißt, ein bisschen mehr zu tun als die kleinen Babyschrittchen, von denen wir bisher gesprochen haben. Zwar sind die Babyschrittchen eine wirkungsvolle Ankündigung deines angestrebten Erfolgs. Doch in die Offensive zu gehen heißt, die Verwirklichung deines Traums in materieller Hinsicht vorzubereiten oder so zu tun, als sei er bereits verwirklicht. Wir wollen beide Möglichkeiten unter die Lupe nehmen.

So tun, als ob: Deinen unvermeidlichen Erfolg vorbereiten

Wenn du die Verwirklichung deines Traums materiell vorbereitest, sendest du Wellen ins Unsichtbare, mit denen du deine Gedanken und dein unerschütterliches Vertrauen in deinen unvermeidlichen Erfolg unter Beweis stellst. Um dir begreiflich zu machen, was ich mit »materiell vorbereiten« meine, wollen wir uns vorstellen, dass du heute Abend neue Wohnzimmermöbel anschaffen willst. Nachdem du den Kauf abgewickelt hast, setzt dich der Verkäufer in Kenntnis, dass deine Möbel am nächsten Donnerstag um 15 Uhr geliefert werden. Was würdest du, sobald du zu Hause angekommen bist, als materielle Vorbereitung auf dieses Ereignis tun? Du würdest Platz schaffen und deine alten Möbel in einem anderen Raum unterstellen. Du würdest vielleicht noch ein paar Kissen für das neue Sofa kaufen gehen und einen passenden Teppich oder sogar neue Lampen und Vorhänge. Jedenfalls würdest du nicht nach Hause gehen, den Kopf in die Hände legen und lamentieren: »Mein Gott, was tue ich nur, wenn die neuen Möbel nicht geliefert werden?«

> **Wenn du die Verwirklichung deines Traums materiell vorbereitest, sendest du Wellen ins Unsichtbare, mit denen du deine Gedanken und dein unerschütterliches Vertrauen in deinen unvermeidlichen Erfolg unter Beweis stellst.**

Gleiches gilt auch, wenn du deine Bestellung beim Universum aufgibst. Sie wird auf jeden Fall geliefert! Das geschieht jedes Mal, wenn du deinen Anteil erledigst, wie zum Beispiel das Eintreffen der Lieferung materiell vorzubereiten!

Wir wollen so tun, als sei es heute dein größter Traum, neue Wohnzimmermöbel zu besitzen, aber mit deinen gegenwärtigen finanziellen Mitteln kannst du sie dir nicht leisten. Was könntest du also tun? Kauf die Kissen! Außer zu visualisieren, die eigenen Worte klug zu wählen und Babyschrittchen in Richtung auf die neue Wohnzimmereinrichtung zu machen, kannst du regelmäßig und wiederkehrend das unvermeidliche Eintreffen der Möbel vorbereiten. Und das bedeutet natürlich auch, dass du dich physisch auf die unvermeidlichen Veränderungen in anderen Lebensbereichen vorbereitest, von denen du jetzt noch träumst.

Es zur Familienangelegenheit machen

Kurz nachdem mein Hörfunkprogramm *Infinite Possibilities* anlief, schrieb mir eine Frau, angeregt durch meine Mitteilungen über Handeln im guten Glauben, einen aufgeregten Brief. Während sie meiner Sendung zuhörte, erfuhr sie zugleich von einem bevorstehenden Wettbewerb im Basketballwerfen, der von einer örtlichen Gaststättenkette angekündigt worden war. Bei diesem Wettbewerb sollte jeder Bewerber einen einzigen Versuch haben, in einen Basketballkorb auf der anderen Seite des Hofes zu treffen. Der Gewinner würde eine Million Dollar erhalten. Sie war Feuer und Flamme!

Sie aktivierte ihre gesamte Familie und gab den Mitgliedern detaillierte Anweisungen, wie sie sich physisch auf die Feier vorbereiten sollten, die sie abhalten würden, nachdem ihr sportlicher Bruder den Ball in den Korb geworfen und das Geld gewonnen hätte. Hierzu musste ihr Bruder sich natürlich für den Wettbewerb anmelden. Einem Familienmitglied wurde die Pressearbeit übertragen, ein weiteres war zuständig für die Einladungen, ein drittes sollte in den Hotels anrufen, um eines mit einem Ballsaal auszuwählen, wieder ein anderer musste die Preise für die Unterhaltung einholen und so weiter. Natürlich würde ich dir diese Geschichte nicht erzählen, wenn der Bruder nicht tatsächlich den Treffer erzielt und gewonnen hätte. Der Familienfeier stand nichts mehr im Wege!

Ich habe einen Karatemeister zum Freund. Er hat mir erklärt: »Ich tue schon mein ganzes Leben lang so, als ob.« Er ist einer von den Menschen, die nicht allzu viel über das Universum und seine Magie wissen, die es jedoch instinktiv vor ihren Karren spannen. Mein Freund besitzt ein ganzes Regal voller Pokale, die er bei Karateturnieren gewonnen hat. Er erzählt: »Immer wenn ich vor einem neuen Wettkampf stehe, stelle ich mich vor mein Regal und lege fest, wo der neue Pokal stehen soll. Dann verschiebe ich meine bereits vorhandenen Trophäen, um Platz für die neue zu schaffen.« Er bereitet den Weg.

Andere, vielleicht banale, aber dennoch überzeugende Beispiele für das So-tun-als-ob in einem vorbereitenden Sinn sind: zur Schule gehen, Zeugnisse erwerben, Visitenkarten drucken, Recherchieren oder die Anschaffung eines neuen Kalenders, in den du die vielen Termine deines neuen, aufregenden Lebens einträgst!

Gruß vom Universum

Direkt aus der sagenhaften Akasha-Chronik (schhh!):
In Zeit und Raum jagst du Dingen nach, die du vorgibst, nicht zu besitzen: Liebe, Freunde und Fülle. Zugleich machst du dir Sorgen über Dinge, die du vorgibst zu besitzen: Probleme, Herausforderungen und Streitfragen. Bis du eines Tages die prophetische Macht des So-tun-als-ob erkennst.
Vielleicht hilft das ja irgendwie.
Viel Spaß damit!
Das Universum

So handeln, als hätte sich dein Traum bereits erfüllt
Denkbar ist auch, dass du spielerisch so handelst, als lebtest du bereits in einer Welt, in der sich deine Träume erfüllt haben. Wenn es dir nicht gutgeht, dann handle so, als seist du gesund. Wenn du pleite bist, dann handle so, als seist du reich. Wenn du einsam bist, dann handle so, als hättest du viele Freunde. Wenn du verschuldet bist, dann gib dich nie damit zufrieden, nur die kleinstmögliche Rate abzubezahlen; runde den Betrag immer bis zum nächsten Zehner auf, so als hättest du bereits mehr Geld (nebenbei erreichst du, dass du mit dem Abzahlen schneller fertig bist). Wer nur das Minimum bezahlt, tut dies in der Überzeugung, dass ihm nur begrenzte Mittel zur Verfügung stehen, und zweifelt daran, dass die Fülle sich bald einstellen wird. Indem du jedoch nur ein klein wenig mehr abbezahlst, und sei es nur ein Cent-Betrag, unterstellst du, dass du bereits die finanzielle Verfügungsfreiheit besitzt, von der du träumst. Solches Verhalten – in Verbindung mit allen anderen von mir empfohlenen Maßnahmen – ruft die Umstände förmlich herbei, die zur Erschließung der Quellen für die erwünschte Verfügungsfreiheit beitragen.

Trinkgelder sind ebenfalls ein Mittel, mit dessen Hilfe man so tun kann, als erfreue man sich bereits großer finanzieller Unabhängigkeit. Gib dich nie mit den üblichen zehn Prozent Trinkgeld zufrieden, leg immer noch etwas mehr drauf. Denk darüber nach: Was kostet es dich, wenn du ein bisschen großzügiger bist? In den meisten Fällen reichen schon ein paar zusätzliche Euros aus! Spende gemeinnützigen Vereinen, und sei es nur ein geringer Betrag, gib Familienmitgliedern und fremden Menschen, ob anonym oder in aller Offenheit, oder unterstütze eine gute Sache, die dir am Herzen liegt. Großzügigere Trinkgelder und kleine Spenden werden dich finanziell nicht ruinieren. Sie stellen für dich im Gegenteil sogar einen Hebel dar, mit dem du die Magie des Lebens in Gang setzen kannst. Indem du gibst, fällt es dir leichter, an die Fülle zu glauben, die in unserer spirituellen Welt bereits existiert. Und in dieser Welt machst du alles richtig, wenn du mehr ausgibst als das Minimum, wenn du Trinkgelder gibst und Geldgeschenke machst – so soll es sein.

Selbstverständlich sind Vertrauensbeweise nicht auf das Geldausgeben beschränkt. Und wenn du tatsächlich gar kein Geld besitzt und in hohem Maß verschuldet bist, dann hilft es dir nicht, auf der Basis eines Vertrauensbeweises noch mehr auszugeben. Die eigene Kommandogewalt zu erkennen heißt immer auch, Verantwortung zu übernehmen. Hierzu müssen wir unseren Fortschritt genau überprüfen und nicht auch noch Salz in die Wunde streuen. Wenn du gegenwärtig verschuldet bist, dann muss die Maxime »Geld ausgeben, um Geld anzuziehen« zurückstehen. Es gibt noch genug andere Möglichkeiten, in die Rolle des Millionärs zu schlüpfen.

Als ich vor elf Jahren finanziell mit dem Rücken zur Wand stand und nicht wusste, wie ich mein Leben wieder auf den richtigen Kurs bringen sollte, stellte ich mein Vertrauen in die kommenden besseren Zeiten unter Beweis, indem ich regelmäßig in einem Geschäft für Segelbootbedarf einkaufte. Meine Kindheit hatte ich am Wasser verbracht, und wir hatten immer ein Boot besessen. Als Vertrauensvorschuss auf meine Überzeugung, dass das Blatt sich bald wenden würde, tat ich so, als besäße ich bereits ein Boot. In ein Geschäft für Segelbootbedarf geht man normalerweise nicht hinein, wenn man kein Segelboot hat, folglich unterstellte mein Schritt, dass mein Schiff bereits im Hafen lag und ich finanziell gut dran war. Ich nahm jede Mühe in Kauf, um an Samstagen dieses Geschäft aufzusuchen, mich dort eine Weile herumzutreiben, dann irgendeinen schwimmfähigen Schlüsselanhänger zu kaufen oder einen Getränkehalter und wieder nach Hause zu fahren. Ich machte auf dem Hin- oder Rückweg keine anderen Besorgungen oder Erledigungen, denn ich wollte, dass es keinerlei Zweifel daran gab, dass ich mich als Bootsbesitzer sah. Was nahelegte, dass es um meine Finanzen großartig bestellt war.

Sorgenvolles Grübeln umdrehen

Als ich während meiner ersten Welttournee nach London kam, machte mich die Vorstellung, vor einem englischen Publikum zu sprechen, wirklich nervös. Ich war gerade erst über den Atlantik geflogen und hatte noch keine große Erfahrung im Vorträgehalten, und nun sollte ich in zwei Tagen vier Stunden lang vor vierzig Menschen sprechen, die für dieses »Privileg« bis zu zweihundert Dollar bezahlt hatten. Ich hatte richtig Angst. Ich fürchtete mich davor, ins Stottern zu geraten, mich zu verhaspeln, den Faden zu verlieren oder auf irgendeine andere Weise mein Publikum zu enttäuschen. Am Tag vor meinem Auftritt zog ich mich in mein Hotelzimmer zurück, marschierte nervös durch den Raum, übte, machte mir Notizen und arbeitete wieder und wieder meine Unterlagen durch, bis ich ein Nervenbündel war. Ich machte mir tatsächlich Sorgen, ob mein anhaltendes Auf- und Abgehen den Teppichboden vielleicht ungebührlich abnutzen könnte. Selbstverständlich war mir durch und durch bewusst, dass Gedanken Dinge werden und dass mein sorgenvolles Gegrübel und übertriebenes Üben (als ob ich versagen könnte) genau die falsche Botschaft an das Universum und die Magie des Lebens war!

Verzweifelt dachte ich: »Dem muss ich etwas entgegensetzen!«, denn es gelang mir nicht, mein sorgenvolles Grübeln einzustellen. Also setzte ich mich hin, nahm einen Stift und Papier und hielt in einer Liste die Gründe dafür fest, warum mein Vortrag so unglaublich erfolgreich *gewesen war* (als läge er bereits hinter mir und ich würde mich an ihn erinnern und mir seinen Erfolg erklären).

Sobald ich mich ans Schreiben machte, fühlte ich mich besser. Mein Vertrauensvorschuss legte nahe, dass ich das Ereignis bereits erfolgreich zum Abschluss gebracht hatte und dass es zahllose Gründe für meinen Erfolg gab. Lauter Gründe, die mir überhaupt nicht eingefallen wären, bevor ich mich ans Schreiben der Liste gemacht hatte. Nun war ich in der Lage, meinen Erfolg zu *rechtfertigen,* während ich vorher mit nichts anderem beschäftigt gewesen war als mit den Gründen für mein Scheitern. Ich schrieb das Offensichtliche auf wie zum Beispiel: »Ich bin gut vorbereitet. Ich habe den Vortrag bereits zweimal gehalten.« Und dann musste ich mich bemühen, weitere Argumente zu finden, was mich veranlasste, vollkommen neue Gedanken zu fassen. Eine der Erklärungen, an der ich noch immer meine Freude habe und die ich auch weiterhin verwende, lautet: »Ich muss der geborene Redner sein!«

Mir fielen auch noch andere Gründe ein: Das Publikum will, dass ich meine Sache ordentlich mache. In der Nacht vor dem Vortrag würde ich bestens schlafen. Das Personal in dem Hotel, in dem mein Vortrag stattfinden sollte, würde mich wunderbar unterstützen. Ich würde mich um keinerlei Vorbereitungen kümmern müssen. Und so weiter. Ich machte die Liste so lang wie möglich und ließ meiner Phantasie freien Lauf. Diese Übung nenne ich heute: »Sorgenvolles Grübeln umdrehen«.

Als ich später an diesem Tag meine Liste noch einmal durchging, war ich überrascht, als mir plötzlich noch ein weiteres Argument für meinen großartigen Erfolg einfiel, das beste von allen: Ich lebe in einem magischen, liebenden Universum, und ich bin umgeben von der Magie des Lebens! Genau darum ging es in meinem Vortrag in London! Ich schlug mir an die Stirn und schimpfte mich Dummkopf. Doch es war großartig, mich plötzlich daran zu erinnern, dass ich nicht allein war, dass das Universum im Hintergrund für mich arbeitete, dass ich in der Vorbereitung mein Bestes gegeben hatte, unter Einsatz dessen, was mir zur Verfügung stand, beginnend dort, wo ich mich gerade befand. Und dass sich das Universum nun im Gegenzug genauso verhalten würde.

> **Als ich später an diesem Tag meine Liste noch einmal durchging, war ich überrascht, als mir plötzlich noch ein weiteres Argument für meinen großartigen Erfolg einfiel, das beste von allen: Ich lebe in einem magischen, liebenden Universum, und ich bin umgeben von der Magie des Lebens!**

Ich stellte mir vor, wie das Universum mir meine Worte eingeben, meine Hand halten, mir helfen würde, genau das anzusprechen, was das Publikum am dringendsten erfahren wollte, und wie ich mit seiner Unterstützung mein Allerbestes geben würde. Ich bin eigentlich kein Angeber, doch am nächsten Tag bedankte sich mein Publikum nach dem Vier-Stunden-Vortrag mit stehenden Ovationen.

Beschenke dich selbst!

Wer hat gesagt, dass alles immer nur Arbeit sein muss?

Nicht nur die kleinen Babyschrittchen sind ein Vertrauensvorschuss und eine kraftvolle Ankündigung deines angestrebten Erfolgs, deine Freude an dir selbst und an deinen bisher erbrachten Leistungen ist es ebenfalls. Wenn du es dir heute gestattest, dich wertzuschätzen, zu verwöhnen und zu feiern, dann richtet sich dein Fokus automatisch auch auf all das Gute, das du bereits manifestiert hast. Möglicherweise kannst du dir noch keinen Tausend-Euro-Anzug leisten, aber vielleicht reicht es schon für das Fünfhundert-Euro-

Exemplar, an dem du dich sofort freuen kannst. Wahrscheinlich kannst du dir auch schon ein cooles Handy leisten – oder die Digitalkamera, das Zeitschriftenabo oder ein neues Paar Schuhe. Und hier geht es keineswegs nur ums Geld. Nimm dir die Zeit, nichts zu tun, lade Freunde zum Tee ein, genieße einen Aufenthalt im nahe gelegenen Park oder am Strand, lies dein Lieblingsbuch ein zweites Mal, beweg dich und mach einen Spaziergang bei Sonnenaufgang, erfreue dich am Sonnenuntergang, stell die Möbel in deiner Wohnung um, pflanz ein paar Blumen in deinem Garten, sieh dir die ganze Nacht Filme an, mach eine lange Spazierfahrt irgendwohin – beschenke dich selbst!

Gleiches bringt Gleiches hervor, und *Gedanken werden Dinge.* Nun komm schon, gönn dir etwas und freu dich an dem, was du schon hast. Eine derartige physische Zurschaustellung macht nicht nur Spaß, sie ist außerdem eine kraftvolle Mitteilung an das Universum und die Magie des Lebens. Du lieferst Beweise dafür, dass du dich auf dem richtigen Weg befindest – eine Mitteilung, die auf der Ebene der Manifestation weitere vergleichbare Manifestationen nach sich zieht.

Gruß vom Universum

Ich verrate dir das Geheimnis, wie du das Leben, das du dir erträumst, führen kannst …
Beginne einfach sofort, das Leben deiner Träume zu führen, in dem Maße, das dir gegenwärtig möglich ist.
Jetzt hab ich dich, Schatzi.
Das Universum

Dankbarkeit

Wenn es um die Nutzbarmachung unserer Gedanken, Worte und Taten als ein Mittel geht, um das Universum und die Magie des Lebens zu mobilisieren, dann gibt es noch ein letztes Geheimrezept, das ich dir nicht vorenthalten will: Dankbarkeit. Sie ist äußerst wirkungsvoll, und die Gründe dafür will ich dir nennen.

Bringst du dem Universum oder deinem höheren Selbst gegenüber Dankbarkeit zum Ausdruck, dann erkennst du damit das bereits Empfangene an. Dabei spielt es keine Rolle, ob sich deine Dankbarkeit auf etwas richtet, das du bereits erhalten hast, oder auf etwas, von dem du dir wünschst, du hättest es bereits – Gesundheit, Freunde, Liebe und Fülle. Solche Dankbarkeit hat unglaubliche Macht, denn du gehst noch über dein Endergebnis hinaus! Deine Dankbarkeit gilt dem Universum, und das Universum hat keine andere Wahl: Es muss dir dieses Gefühl – deine Dankbarkeit – als Manifestation zurückschicken, muss die Umstände und Mitspieler in deinem Leben so ordnen, dass deine Vorschuss-Dankbarkeit eine gebührende nachträgliche Rechtfertigung erhält.

Dieses Wissen macht uns vorsichtig beim Erstellen von Wunschlisten. Wenn du deine Wünsche in Form von »Ich will« und »Ich möchte« zum Ausdruck bringst, dann lässt du das Universum damit wissen: »Ich habe nicht« und »Mir fehlt«. Das ist bestimmt nicht gerade das Ziel, das du erreichen möchtest! Wenn du also deinen Wunsch nach Veränderung formulierst, dann am besten als Ausdruck von Dankbarkeit – bedanke dich bei dem Universum vorab für die Dinge auf deiner Wunschliste, so als seien deine Wünsche bereits erfüllt worden, und wertschätze zugleich, was du gegenwärtig hast. Diese Vorgehensweise funktioniert nicht etwa deshalb, weil das Universum ein Urteil fällt und abwartet, ob du auch genug Dankbarkeit für die letzten Leckerbissen zeigst, bevor es dich neuerlich belohnt. Sie funktioniert, weil du dich auf einer urteilsfreien Ebene der Manifestation befindest und weil alles, was du dorthin aussendest, zu dir zurückkehren muss. Und wenn es sich dabei um Dankbarkeit für etwas noch nicht Empfangenes handelt, dann musst du es schließlich empfangen, weil deine Dankbarkeit auch noch nachträglich gerechtfertigt und daher manifestiert werden muss.

Wenn du es am nötigsten brauchst

Einige der Vorschläge, die ich in diesem und in den vorangehenden Kapiteln mache, kommen dir vielleicht ein wenig versponnen vor, insbesondere dann, wenn du dich gerade in einer schwierigen Lage befindest. Möglicherweise hat man dir gerade das Herz gebrochen oder bei dir eine schwere Krankheit diagnostiziert oder du hast gerade Insolvenz anmelden müssen, und dann komme ich daher und rate dir: »Komm schon, lüg ein bisschen und tu so, als sei bei dir alles in Ordnung.« Unglücklicherweise veranlassen uns die emotionalen Schmerzen, verursacht durch physische Umstände, zu der Vorstellung, dass wir jetzt auf den Boden der »Tatsachen« zurückkehren müssen, um den Schmerz auf seinem eigenen Terrain – nämlich »physisch« – zu bekämpfen. So sehr haben uns die Illusionen von Zeit, Raum und Materie im Griff, dass wir all diesen einfachen Maßnahmen, die ich hier vorgeschlagen habe, als esoterischem Hokuspokus und Psychogeplapper misstrauen. Leider veranlasst dieses Misstrauen genau die Menschen, die meine Ideen am dringendsten brauchen, sie zu verwerfen.

Für Skeptiker und Leute, die gerade in einer persönlichen Krise stecken und denen meine Vorschläge nicht ausreichend erscheinen, habe ich einen Vorschlag: *Schick beide Möglichkeiten gegeneinander ins Rennen und verschaff dir selbst den Vorteil.* Mit anderen Worten, gib keinesfalls die »Schule des harten Arbeitens« auf, mach dir Sorgen, schmiede Ränke, trete frühmorgens an und geh als Letzter, aber versuch es zugleich auch einmal mit etwas Schwarzarbeit im Bereich der täglichen kleinen Experimente mit Gedanken, Worten und Taten. Du hast eine angeborene Neigung zum Erfolg, und deshalb wird jeder »Schaden«, den du durch die Methoden der alten Schule (die uns gerne weismacht, wir seien hilflos) anrichtest, selbst von den kleinsten Dosierungen eines regelmäßig praktizierten »Hokuspokus« nach den Prinzipien der neuen Schule mehr als ausgeglichen.

Passe deine Vorstellungen deinen Bedürfnissen an

Halte es wie beim Visualisieren und experimentiere, um Techniken für den Gebrauch von Gedanken, Worten und Taten zu finden, die zu dir passen. Vielleicht überrascht es dich, wohin dich das führt.

Als ich vor Jahren Outlook von Microsoft als Mittel entdeckte, um meine Adressen, Termine, E-Mails und so fort zu verwalten, stieß ich in dem Programm auch auf die Möglichkeit, mich von ihm an wichtige Termine wie Geburtstage, Arztbesuche oder Verabredungen erinnern zu lassen. Nachdem ich mich an den Gebrauch des Programms gewöhnt hatte, kam ich auf die Idee, mich von ihm zu einer bestimmten Zeit täglich auch an andere Dinge erinnern zu lassen wie etwa: »Du träumst, Mike! Zeit und Raum sind

Illusionen, und du musst lediglich neue Gedanken denken, damit du neue Dinge erleben kannst!«, oder: »Du bist ein Lichtwesen, dem keine Grenzen gesetzt sind und dem alles möglich ist!« Und viele andere Dinge. Ich hatte mir für jede Woche ein gutes Dutzend »Verabredungen« eingetragen, die in Wahrheit positive Affirmationen oder Wahrheiten waren, die mich an meine Kommandogewalt erinnern und mir die Magie des Lebens immer wieder neu ins Bewusstsein holen sollten.

Obwohl ich monatelang immer die gleichen Erinnerungen an »Verabredungen« erhielt, war ich jedes Mal überrascht, wenn mein Computer eine neue »ankündigte«. Dann kam mir die Idee: »Wäre es nicht obercool, wenn ich jeden Tag E-Mails mit solchen Botschaften von einem Unbekannten erhalten würde, ohne die Pointe schon im Vorhinein zu kennen?« Und so fing ich an, die Montagmorgen-Motivations-Mails zu schreiben, aus denen schließlich die täglichen *Grüße vom Universum* wurden.

Dies sind nur zwei Beispiele für elektronische Hilfsmittel, mit deren Unterstützung ich mein Denken an das Leben meiner Träume angleichen konnte. Man kann auch mit Bildern und ausgeschnittenen Fotos in Sammelbüchern und mit Traumcollagen arbeiten oder überall in der Wohnung kleine Zettel hinkleben. Bilder sind natürlich besonders wirkungsvoll, weil sie direkt zum Endergebnis führen und das *verflixte Wie* umgehen. Schließlich klebt man ja keine Bilder von sich in Sammelbücher ein, die einen in einer Single-Bar zeigen oder auf der Suche nach einem neuen Job! Die eingeklebten Bilder zeigen immer die Endergebnisse, die du anstrebst.

Finde heraus, was für dich am besten funktioniert und zu deinen Plänen passt. So machst du es dir selbst nicht nur leichter, es ist auch wahrscheinlicher, dass du deinen Vorhaben treu bleibst.

Dein neuer Job

Deine Gedanken, Worte und Taten sind der Hebel, mit dem du dir das Universum und die Magie des Lebens zunutze machen kannst. Kein Mensch würde nur einmal in die Wanne steigen und dann nie wieder. Ebenso wenig würde sich irgendjemand nur zeitweise mit dem Schaffen von Veränderung beschäftigen. Wir baden oder duschen regelmäßig, weil es das erwünschte Ergebnis bringt. Das Gleiche gilt auch für die Arbeit mit Gedanken, Worten und Taten – *defensiv,* indem wir darauf achten, was wir denken, sagen und tun, und dann in einfachen kleinen Schrittchen *offensiv.* Wer Veränderungen herbeiführen will, der muss so denken, reden und handeln, wie er nie zuvor gedacht, gesprochen und gehandelt hat, ständig. Auch du schaffst das; du hast es ja im Laufe deines bisherigen Lebens bereits getan, wenn auch ungeplant. Mit ein bisschen Übung wird es dir sogar noch leichter fallen.

Deine Gedanken, Worte und Taten sind der Hebel, mit dem du dir das Universum und die Magie des Lebens zunutze machen kannst.

Zusammenfassung

- Unsere Gedanken, Worte und Taten sind unser einziger Berührungspunkt mit dem Universum und der Magie des Lebens.
- Ein defensiver Umgang mit unseren Gedanken, Worten und Taten bedeutet, dass wir wachsam sind und uns die-

jenigen von ihnen bewusst machen, die uns nicht dienen, und sie im Rahmen unserer Möglichkeiten verändern.

- Wenn du es mit unkontrollierbarer Angst zu tun hast, dann lass sie zu. Doch bring zugleich positive und konstruktive Gedanken ins Spiel.
- Visualisieren ist eines der wirkungsvollsten Mittel, um Veränderungen herbeizuführen.
- Deine Worte und Taten sind nichts anderes als deine Gedanken, die mit solcher Intensität aufgeladen sind, dass sie dich zum Sprechen oder Handeln veranlassen. Nutze sie, um herauszufinden, was du wirklich denkst, und bring neue Gedanken auf den Weg.
- Die emotionale Energie des Glücks wirkt ordnend auf die *materiellen* Aspekte deines Lebens – sie öffnet dich für Umstände, die noch mehr Glück herbeiführen.
- Das Leben deiner Träume beginnt, wenn du heute anfängst, es zu führen – im Maß deiner Möglichkeiten.
- Es kann nicht schaden, zwei Lösungsansätze gegeneinander ins Rennen zu schicken und sich selbst den Vorteil zu verschaffen. Anders ausgedrückt: Versuch ruhig weiter, mit den Ritualen der alten Schule Veränderungen herbeizuführen, doch ergänze sie um die Methoden der neuen Schule.

Dankbarkeit vergrößert das, was du bereits hast. Dankbarkeit für das, was du empfangen möchtest, so zum Ausdruck gebracht, als hättest du es bereits empfangen, beschleunigt sein Eintreffen.

Anregende Übungen

Mit den Gedanken in die Offensive gehen

Schreibe ein kleines Drehbuch für ein Szenario, das du visualisieren möchtest. Es könnte die Ausgangsbasis für dein tägliches fünf- bis zehnminütiges Visualisieren (höchstens!) sein. Es sollten mehrere Elemente darin enthalten sein, die auf Erfolg und Glück schließen lassen. Zum Beispiel:

Ich werde die Kinder mit meinem neuen Wagen (nenne die Marke!) von der Schule abholen. Der Wagen fühlt sich neu an und riecht auch so. Ich sehe die Welt um mich her aus der Perspektive des Fahrers, gleite dahin auf vertrauten Straßen, sehe die Welt und sehe mich durch die Fenster meines Wagens. Ich höre meine Lieblings-CD von Elton John. Ich singe und schunkele mit. Freunde und Fremde blicken mir bewundernd nach, wenn ich vorübergleite. In der Schule begrüßen mich meine Kinder strahlend, weil sie einen so guten Tag hatten. Andere Eltern machen mir Komplimente wegen meiner neuen Garderobe und meiner äußeren Erscheinung (geh ins Detail!). Direkt von der Schule aus machen wir uns auf die Suche nach einem neuen Zuhause. Es wird viel Platz und einen großen Garten haben. Während wir ein wirklich tolles Haus besichtigen, klingelt mein Handy. Es ist meine Agentin, die gerade in New York für mein neuestes Manuskript einen Verlag sucht. Allein schon ihre aufgeregte Stimme löst Freude in mir aus, und dann sagt sie mir …

Sobald dein Drehbuch das passende Ende hat, visualisierst du es einmal täglich, bis es dich langweilt. Dann überlegst du dir ein neues Drehbuch.

Mit Worten in die Offensive gehen

Überlege dir eine ganze Reihe von Sätzen, die du über dich selbst sagen kannst, so als lebtest du bereits das Leben deiner Träume. Zum Beispiel:

- »Ich bin (umgeben von Freunden und Fröhlichkeit, immer zur rechten Zeit am rechten Ort, glücklicher als jemals zuvor, ein Magnet für gute Gelegenheiten …)«
- »Ich liebe (die Leichtigkeit meines Lebens, meinen Wohnort, mein wunderbares Haus, den Menschen, zu dem ich mich entwickelt habe, die Weisheit und den Frieden, die mir meine Lebenserfahrung verschafft …)«

Sorge dafür, dass deine Liste schön lang ist, und denke daran, dass es nicht darum geht, sie einmal aufzusagen und dann zu vergessen. Idealerweise wird sie zu einem festen Bestandteil deines Alltags. Sie wird nach und nach umfangreicher und gibt deine sich in fortwährender Entwicklung befindlichen Vorlieben und Manifestationen wieder.

Mit Taten in die Offensive gehen

Schreibe eine Liste mit kleinen Aktionen, die du in den kommenden Tagen, Wochen und Monaten als Vertrauensvorschuss einbringst. Mit ihnen bringst du deine Vorbereitung auf die unvermeidliche Manifestierung deiner Träume zum Ausdruck, und du nutzt sie, um so zu tun, als hätten sich deine Träume bereits verwirklicht. Bedenke jedoch: Aktionen auf dem Papier nützen nichts, du musst sie auch tun! Vielleicht kannst du dir eine pro Tag vornehmen.

Selber machen

Dieses Kapitel enthält viele Hinweise – etwa in den Abschnitten »Sorgenvolles Grübeln umdrehen« und »Dankbarkeit« –, mit denen du deine eigenen, für dich passenden Übungen zusammenstellen kannst. Ich empfehle dir, diese Abschnitte noch einmal zu lesen. Und dann mach dich ans Aufschreiben.

FÜNFTER SCHRITT: Die eigenen Überzeugungen auf Kurs bringen

Was, glaubst du wohl, hat mehr Macht: Gedanken oder Überzeugungen? Das ist natürlich eine Fangfrage.

Aus dem Publikum wird mir gelegentlich die Frage gestellt: »Sind denn nicht unsere Überzeugungen wichtiger als die Maxime *Gedanken werden Dinge*?« Die Antwort lautet: Ja und nein. Unsere Überzeugungen sind deshalb nahezu allmächtig, weil aus unseren Gedanken Dinge werden. Unsere Überzeugungen erlauben uns, befähigen uns und ermutigen uns, in den von ihnen gesteckten Grenzen zu denken. Roger Federer zum Beispiel gewinnt professionelle Tenniswettkämpfe, weil er es sich gestattet, über das Gewinnen von Tenniswettkämpfen nachzudenken (offenbar nicht gerade wenig). Das tut er, weil er an erster Stelle davon überzeugt ist, dass er die Turniere gewinnen kann. Seine Gedanken sorgen dafür, dass es geschieht. Doch es ist seine Überzeugung, die es ihm erlaubt, diese Gedanken überhaupt erst zu denken.

Unsere Überzeugungen können uns auch verbieten oder daran hindern, Gedanken außerhalb ihres Geltungsbereichs zu denken. Wir meinen dann, etwas sei »unwahrscheinlich« oder »unmöglich«. Doch wenn entsprechende Gedanken nicht vorausgeschickt werden, können nachfolgende Manifestationen auch nicht folgen. Wann zum Beispiel hast du dir zuletzt Gedanken darüber gemacht, ein professionelles Tennisturnier zu gewinnen? Zu simpel? Wirklich? Wann also hast du zuletzt darüber nachgedacht, das Leben deiner

Träume zu führen? Keine Frage, die kleinen Babyschrittchen und dein Handeln sind entscheidend. Doch auch hier wirst du ausgebremst, noch bevor es überhaupt losgeht, wenn deine Überzeugungen deine Pläne nicht unterstützen.

Wer mühelos ihm dienliche Gedanken denken und vorankommen will, der muss erst einmal seine Überzeugungen ins richtige Fahrwasser bringen. Ist doch einfach, oder? Das Dumme ist nur, dass wir unsere Überzeugungen leider nicht sehen können. Wenn es also darum geht zu unterscheiden, welche von ihnen »von Vorteil« und welche »von Nachteil« sind, dann rate ich nicht dazu, das Unsichtbare zu durchstöbern, sondern empfehle dir, dich durch eine Reihe einfacher Übungen auf deine Träume auszurichten, damit du automatisch für deine Zielsetzung vorteilhafte und spiegelnde Überzeugungen installierst und zugleich automatisch nachteilige Überzeugungen abbaust.

Gruß vom Universum

Quantenphysik 101:

Die Gegenwart ist definiert durch den Zusammenfluss deiner Gedanken, die von deinen Überzeugungen zugleich gelenkt und im Zaum gehalten werden. Die Zukunft ist das, was du erlebst, wenn sich deine Überzeugungen verändern. Die Zeit misst, wie viel Energie oder Kraft du einsetzen musst, um deine Gedanken zu verändern, beziehungsweise den Grad des Konflikts, der zwischen alten und neuen Überzeugungen entsteht. Und der Raum sagt dir genau, worüber du jetzt gerade nachdenkst. Und daraus ersiehst du: Die eine, für alles gültige Formel, die für alles Physische und Metaphysische steht,

lautet: Gedanken werden Dinge, *und mehr musst du eigentlich gar nicht wissen.*
GWD,
das Universum

PS: Selbstverständlich sind Zeitreisen möglich. Du befindest dich gerade auf einer.

Den Wagen vor das Pferd spannen: Voreilige Schlüsse ziehen

Den meisten Menschen ist klar, dass ihre Überzeugungen allmächtig sind. Doch leider ziehen sie daraus die falschen Schlüsse. Sie meinen, dass sie, um Veränderungen in ihrem Leben zu bewirken, zuerst ihre Überzeugungen verändern müssen. Dieser Schluss beruht auf der falschen Vorstellung, dass sie nur deshalb ihre Ziele – zum Beispiel Reichtum und jede Menge Freunde und Fröhlichkeit – noch nicht erreicht haben, weil sich irgendwo in ihnen unsichtbare selbstzerstörerische Überzeugungen verbergen. Doch das muss nicht in jedem Fall zutreffen.

Dieser Denkansatz ist gefährlich, weil sich auf der Ebene der Manifestation alles verwirklicht, womit wir uns nur lange genug beschäftigen und auf dessen Basis wir womöglich handeln. So funktionieren die Dinge eben in Zeit und Raum. Dieser Mechanismus sorgt letztlich dafür, dass du ein Leben in Fülle führst, wenn du deine Energie in dieses Ziel investierst. Oder aber, dass du herausfindest, was mit dir nicht in Ordnung ist, wenn du deine Energie in die Erforschung deiner Fehler investierst, auch wenn du diese Fehler ursprünglich gar nicht hattest! Vielleicht lag es gar nicht an irgendwelchen einschränkenden Überzeugungen. Doch wenn du umherläufst und dir selbst und anderen Dinge sagst wie: »Eigentlich habe ich das ja gar nicht verdient …«, oder: »Ich weiß nicht, woran es liegt, aber ich scheine mir mit meinem einschränkenden Denken selbst im Weg zu stehen«, dann wird es eintreffen.

Wir manifestieren alles in unserem Leben, auch die Umstände, die aus den Gedanken entstehen, mit denen wir uns besonders beschäftigen. Genauso erging es mir mit meinem »Ich bin so müde«-Mantra, und dabei war ich ursprünglich gar nicht müde.

Es könnte viele verschiedene Ursachen dafür geben, warum etwas Ersehntes noch nicht Bestandteil deines Lebens ist, obwohl du es schon so lange möchtest. Keine dieser Ursachen muss im Zusammenhang mit unsichtbaren, dich einschränkenden Überzeugungen stehen. Vielleicht liegt es an deinen Prioritäten. Oder aber du hast dein Leben aus guten Gründen auf eine bestimmte Weise organisiert und kannst deshalb nicht in neue Richtungen tätig werden. Oder aber du hast einfach noch nicht begriffen, wie mächtig und verdienstvoll du bereits bist. Doch in dem Augenblick, in dem du den voreiligen Schluss ziehst, dass mit dir etwas nicht stimmt oder dass du Opfer deiner einschränkenden Überzeugungen bist, RUMS!, da bewahrheitet sich deine böse Ahnung auch schon! Der Wagen befindet sich nun vor dem Pferd. Deine Schlussfolgerungen verwandeln sich in Überzeugungen, bringen Gedanken hervor, beeinflussen dein Verhalten und wachsen sich schließlich zu einem Problem aus, das dich tatsächlich bremst. Was dich *wirklich* von der Erfüllung deiner Wünsche abhält, findest du jedoch nie heraus.

Um die Sache noch komplizierter zu machen: Wer meint, er müsse seine einschränkenden Überzeugungen finden, bevor er Veränderungen auf den Weg bringen kann, glaubt außerdem, er müsse sie mit Stumpf und Stiel ausrotten und dann zu den Akten legen, um irgendwelche Fortschritte zu erzielen. Dabei kommt es häufig vor, dass die vermeintliche Wurzel allen Übels, kaum gefunden, keineswegs aus dem Leben entfernt wird. Vielmehr schleppen die Leute sie wie kleine Babys mit sich herum und berichten jedem, der es nur hören möchte, von ihrem Problem: »Diese schlimmen Dinge musste ich erfahren, als ich ein vierjähriges Kind war, dieses Trauma durchlitt ich in der Schulzeit, jene Zurückweisung hat mir bei meinem ersten Job fast das Genick gebrochen.« Und so weiter. Sie verwenden ihre unsichtbare einschränkende Überzeugung (es spielt keine Rolle, ob sie stichhaltig ist oder nicht) als Rechtfertigung oder Erklärung dafür, warum sie in ihrem Leben nicht weiter vorangekommen sind. Und dabei bauen sie eine neue Überzeugung auf oder verankern sie: dass sie ein Problem haben.

Du musst nicht wissen, wie du dorthin gekommen bist, wo du jetzt stehst

Es gibt andere Möglichkeiten, Veränderungen in deinem Leben einzuleiten. Zwar arbeitest du hierbei an deinen Überzeugungen, doch führt diese Arbeit nicht zu dem Schluss, dass mit dir etwas nicht stimmt. Wir wissen ja bereits: Wo du bist, ist nicht dasselbe wie wer du bist. Außerdem musst du nicht erklären, was dich an diesen Punkt in deinem Leben geführt hat, um absichtsvoll und zielgerichtet voranzustürmen.

Die Prämisse, nach der ich lebe und die mir und zahllosen anderen weitergeholfen hat, setzt die Erkenntnis voraus, dass uns *heute* lediglich die Gedanken, die wir *jetzt* denken, davon abhalten, *morgen* das Leben unserer Träume zu führen – immer eingedenk der Tatsache, dass unsere Gedanken sich auch in unseren Worten und Taten wiederfinden. Deine Aufgabe ist es lediglich, dich auf dein Ziel zu konzentrieren und auf die Schritte, die du in seine Richtung machst. Wenn du, wie es in diesem Kapitel vorgeschlagen wird, in defensiver wie in offensiver Hinsicht wachsam an deinen Gedanken arbeitest, dann werden deine Überzeugungen ganz von selbst auf deine Zielvorgaben einschwenken. Und solltest du tatsächlich irgendwelche dich einschränkenden Überzeugungen haben, dann verlieren sie im Angesicht deiner neuen Gedanken, Worte und Taten deinen abschweifenden Geist aus dem Griff und lösen sich vollständig auf, egal, ob du sie dir nun bewusst gemacht hast oder nicht.

Gruß vom Universum

Zwar würde ich für mein Leben gern jeder lebendigen Seele auf dem Planeten dabei helfen, sich an ihre vorangegangenen Leben zu erinnern, die Hintergedanken beim Bau der Pyramiden zu verstehen und den Einfluss früherer Überzeugungen auf gegenwärtige Manifestationen zu durchschauen. Doch noch viel lieber helfe ich ihnen, hier und da einen Sprung voran zu machen, ein paar neue Kniffe zu lernen und ihre Träume zu leben, die ja ohnehin der einzige Grund sind, warum irgendwer sich entscheidet zurückzukommen.

Auf die Plätze, fertig, los!

Das Universum

PS: Der Hinweis möge genügen, Euer Hoheit, dass du schon immer verrückt-sexy-klasse warst.

Wiedersehen mit meinem »Schiffbruch«

Als ich mit meinem Leben durch meinen sogenannten Schiffbruch endgültig auf Grund gelaufen zu sein schien, interessierte es mich nicht die Bohne, was mit mir eigentlich nicht stimmte. Das völlige Chaos, in dem sich mein Leben befand, konnte ich mir sowieso nicht erklären. Allerdings wusste ich noch immer ganz sicher, wie das Leben funktioniert, wie man Veränderungen in Gang setzt und wie man bewusst lebt. *Gedanken werden Dinge!* Die nachfolgenden beiden Schritte stellen den praktischen Bezug her und umfassen alles, was ich bisher in diesem Buch im Hinblick auf das Anheuern des Universums und die Magie des Lebens gesagt habe. Hier die beiden Schritte, die für jegliche Lebensveränderungen erforderlich sind:

1. Definiere das, was du willst, mit Blick auf das Endergebnis.

2. Unternimm unendlich viele kleine Babyschritte in diese Richtung.

Wären mir diese Determinanten nicht bewusst gewesen, und wäre ich der Versuchung erlegen nachzuforschen, was bei mir verkehrt läuft, ich hätte wohl professionelle Hilfe gebraucht. Mein Leben zu diesem Zeitpunkt war kein schöner Anblick: Ich hatte keine Arbeit, keine Beziehung und keine Ahnung, in welche Richtung ich mich wenden sollte. Es kam mir so vor, als gäbe es in meinem Leben keinerlei Anlass zu irgendeiner Vorfreude. Mit Fug und Recht hätte man diesen Zustand als klassische Midlife-Crisis interpretieren können. Doch was hätte es mir eingebracht, diese Richtung weiterzuverfolgen? Gewiss wäre mir vieles aufgefallen, was mit mir nicht stimmt, und noch heute wäre ich damit beschäftigt, alles wieder in Ordnung zu bringen. Niemals hätte ich es mir gestattet, Vorträge über das Leben zu halten oder darüber zu schreiben. Doch genau das hat mir letztlich ermöglicht, heute die Arbeit zu tun, die mir am meisten Spaß macht. Ohne Zweifel hätte ich alle meine mich einschränkenden Überzeugungen aufgedeckt (oder, um bei der Wahrheit zu bleiben: ich hätte sie *manifestiert*). In der Folge meiner Wahl wäre gewiss eine ganze Armee von Psychotherapeuten erforderlich gewesen, um diese destruktiven Überzeugungen alle aufzulösen. Immerhin hätte ich jede Menge Argumente dafür gefunden, warum ich mein Leben nicht auf die Reihe bekam – sehr tröstlich!

Im Rückblick erkenne ich deutlich, dass ich mit meinem Leben gar nicht Schiffbruch erlitten habe; mein Leben hat einfach einen neuen Kurs eingeschlagen! Weil ich so unmittelbar von meinem vermeintlichen Schiffbruch betroffen war, konnte ich die einfachsten Zusammenhänge nicht mehr erkennen. Außerdem war ich wie wir alle in diesen spirituell unterentwickelten Zeiten förmlich darauf programmiert, voreilige Schlüsse zu ziehen – dass ich schlecht war, kaputt und reparaturbedürftig. Kein Wunder, dass ich mich damals fühlte wie ein Kandidat für die Seenotrettung!

Um voranzukommen, musste ich weder meine Vergangenheit ergründen noch meine Überzeugungen auseinandernehmen. Bei dir ist das nicht anders. Du musst dich einfach nur in Bewegung setzen und einen Schritt nach dem anderen tun. Sobald die Leinen los und die Segel gesetzt sind, findet sich rasch der richtige Kurs und mit ihm die passenden Überzeugungen.

Im Nachhinein erkenne ich deutlich, dass ich ja bereits vor meinem Schiffbruch, noch während der Phase mit dem T-Shirt-Geschäft, über das Leben, über Träume und Glück geschrieben hatte und dass ich bereits davon träumte, eines Tages mehr Menschen erreichen zu können. Und nun, nachdem die ganze Aufregung vorbei ist, schreibe ich tatsächlich noch immer über das Leben, über Träume und das Glück. Nur erreiche ich jetzt viel mehr Menschen – zigmillionen mehr, wenn man jene hinzuzählt, die *The Secret* gesehen oder gelesen haben. Der berufliche Schwung, der mir vollständig abhandengekommen schien, war in Wahrheit immer vorhanden gewesen! Meine Karriere war gar nicht vorbei; sie war lediglich dabei, sich auf magische Weise zu beschleunigen, und dazu musste mein »Lebensschiff« eben den Kurs wechseln!

Um voranzukommen, musste ich weder meine Vergangenheit ergründen noch meine Überzeugungen auseinandernehmen. Bei dir ist das nicht anders. Du musst dich einfach nur in Bewegung setzen und einen Schritt nach dem anderen tun. Sobald die Leinen los und die Segel gesetzt sind, findet sich rasch der richtige Kurs und mit ihm die passenden Überzeugungen.

* * * Auszeit * * *

Professionelle Hilfe

Ohne Zweifel gibt es zahllose Menschen, die von professioneller Lebenshilfe durch Ärzte, Therapeuten, Trainer, Berater oder durch begabte Freunde außerordentlich profitiert haben. Ich möchte dich nicht davon abhalten, diesen Weg zu gehen, wenn er sich für dich richtig und gut anfühlt.

Als Allererstes werden gute professionelle Ratgeber klarstellen, dass ihr Dienst zeitlich befristet und als vorübergehende Unterstützung gemeint ist. Er soll dich befreien und für den Rest deines Lebens bereichern. Ziel ist es, dich aus dem Griff deiner Vergangenheit zu lösen, dir die Gegenwart angenehm zu machen und dich deine Zukunft nach deinen Vorstellungen gestalten zu lassen.

Auch hier wieder der Rat: Schicke beide Möglichkeiten gegeneinander ins Rennen und ziehe deinen Vorteil daraus. Es ist sehr wahrscheinlich, dass deine Ratgeber dir etwas Ähnliches empfehlen werden. Während du die erprobten Methoden der alten Schule zur Herbeiführung von Veränderungen anwendest, kannst du zugleich visualisieren, spielerisch vortäuschen, »so tun, als ob« und viele kleine Babyschrittchen machen. Erinnere dich an die Maxime, die sich hinter allen Mechanismen des Lebens verbirgt: *Gedanken werden Dinge.* Nutze die Zeit, die du mit deinen Ratgebern hast, um dir deine Kraft zu vergegenwärtigen, deine Großartigkeit, Göttlichkeit und Macht. Und denk an die unendliche Zahl von Möglichkeiten, die immer allen Menschen offenstehen, um ein glücklicheres und erfüllteres Leben zu führen, ganz egal, woher wir kommen.

* * *

Bring deine Überzeugungen mit dem Leben deiner Träume unter einen Hut

Wenn zwischen deinem heutigen Leben und dem zukünftigen Leben deiner Träume nur deine Gedanken stehen, dann lass uns die Sache doch umdrehen. Über das Umdrehen von

Gedanken habe ich erstmals in *Verändere dein Denken, dann hilft dir das Universum* geschrieben. Dort habe ich vorgeschlagen, durch dein Handeln Einfluss auf Überzeugungen zu nehmen. Hierzu sind zwei einfache Schritte erforderlich:

1. Stelle fest, welche Überzeugungen dir nützen könnten.

2. Verfestige diese Überzeugungen, indem du so handelst, als seien sie bereits die deinen.

Indem du »das Pferd von hinten aufzäumst«, also von deinen *angestrebten* Überzeugungen ausgehst und dich so verhältst, als hättest du sie bereits verinnerlicht, werden sie tatsächlich zu den deinen werden. Gleichzeitig verdrängen sie mögliche einschränkende Überzeugungen.

Stelle fest, welche Überzeugungen dir dienen

Halte dir deinen Traum vor Augen, und zähle dann die Überzeugungen auf, die dir ganz offensichtlich und logischerweise weiterhelfen würden. Du musst jetzt nicht behaupten, dass du sie bereits hast – beschränke dich darauf, sie lediglich zu benennen. Diese Vorgehensweise ist um vieles einfacher als die Suche nach destruktiven Überzeugungen, von denen du gar nicht sicher bist, ob du sie hast. Benenne einfach die Überzeugungen, die du gerne hättest. Das ist der erste Schritt, um neue Überzeugungen zu erlangen. Außerdem hilft dir diese Übung, ein Gefühl für dein Potenzial zu erlangen und dich mit Optimismus zu erfüllen. Sie ruft dir zukünftige Erfolge ins Bewusstsein, ohne sich mit der Frage zu beschäftigen, welche Fehler dir den Weg zu dieser Zukunft versperren könnten.

Selbstverständlich hätte ich jedes beliebige hypothetische Beispiel wählen können, um den Einsatz von Überzeugungen zu verdeutlichen – etwa ein Maximum an zwischenmenschlichen Beziehungen, Gesundheit oder Freundschaft. Doch nach meiner Erfahrung ist finanzielle Fülle das, was sich die meisten Menschen als Erstes in ihrem Leben wünschen. Ich will hier einige Überzeugungen aufführen, die mit ziemlicher Wahrscheinlichkeit Bestandteil deiner Konstitution wären, wenn du deine finanzielle Unabhängigkeit bereits erreicht hättest. Wenn du dir Veränderungen in anderen Bereichen wünschst, dann schreib eine Satzung, die ähnlich strukturiert ist wie die nachfolgende, mit den entsprechenden Überzeugungen, die du vermutlich hättest, wenn die erwünschten Veränderungen bereits eingetreten wären. Nun das Beispiel für finanzielle Fülle:

- *Ich bin es wert.* Ich weiß gar nicht mehr, wie viele Menschen schon bei mir waren und Sätze gesagt haben wie: »In meinem Leben gibt es weder Fülle noch Reichtum, und ich glaube, es liegt daran, dass ich es nicht wert bin. Meine Eltern glaubten auch schon nicht, dass sie es wert sind, und nun ergeht es mir genauso.« Vielleicht trifft das zu – vielleicht aber auch nicht. Was auch immer zutrifft, behaupte nichts dergleichen von dir, denn damit machst du es dir zu eigen, verfestigst es und lebst es schließlich. Sage von dir, dass du es wert bist. Suche Begriffe dafür, die dir etwas bedeuten. Du bist es wert, mach dir das zu eigen.
- *Ich verdiene es.* Und nicht nur, weil du vielleicht hart gearbeitet, Mangel erduldet und Härten ertragen hast, sondern vor allem deshalb, weil du ein Kind des Universums bist: Du bist fürsorglich, liebevoll, und, wie Khalil

Gibran in seinem Buch *Der Prophet* schreibt: Du hast es verdient, dass Gott, das Universum oder die göttliche Intelligenz dir deinen Tag bereitet. Gewiss erkennst du doch, dass du auch alles andere verdienst.

- *Es ist genug für alle da.* Du lebst in einer Traumwelt der Illusionen, die du aus deinen Gedanken errichtest und verfestigst. Lediglich unser beschränktes physisches Wahrnehmungsvermögen will uns weismachen, dass es Mangel gibt. Diese Überzeugung basiert auf der Vermutung, Zeit und Raum seien eine unumstößliche Wirklichkeit. Und damit sind wir wieder beim Essen der verbotenen Frucht. In dem Garten Eden, den wir unser Zuhause nennen, in diesem Himmel auf Erden, in dieser Oase unter den Sternen, ist genug für alle da. Und nicht nur das: Der Reichtum des einen ist keineswegs die Armut des anderen. Diese vollkommen sinnlosen Schuldgefühle kannst du dir sparen, glaube mir.
- *Je reicher ich bin, desto mehr Menschen kann ich helfen.* Selbstverständlich kannst du der Welt helfen und geben und teilen und sie verändern, ohne auch nur einen Cent in der Tasche zu haben. Doch gewiss würde niemand Einspruch erheben, wenn ich behaupte, dass du mit Wohlstand mehr erreichen kannst. Schließlich wirft diese Einstellung ein vorteilhaftes, ein spirituelles Licht auf Reichtum und Fülle und vermag endlich die alten religiösen Dogmen zu widerlegen, denen zufolge Geld immer nur als etwas Dunkles, Böses und durch und durch Unspirituelles gilt.
- *Meine Gedanken werden zu den Dingen und Ereignissen meines Lebens.* Fang an, deine spirituellen Erkenntnisse zu berücksichtigen – schließlich sind sie von außerordentlicher Bedeutung! Du hast Macht über alle Dinge. Du bist ein unsterbliches Lichtwesen, für das die Magie des Lebens und das Universum im Hintergrund wirken.

- *Reichtum anzuhäufen, ist leicht.* Gedanken werden Dinge, und es ist ebenso einfach, sich spielerisch eine Million Euro vorzustellen wie einen Euro. Gestatte es dir, Großes zu visualisieren.
- *Gott möchte, dass ich reich bin.* Ich will zwar nicht behaupten, dass Wohlstand automatisch Glück bedeutet, doch da unser Glück in so vielerlei Hinsicht auf finanzieller Unabhängigkeit beruht, warum sollten der Fülle dann Grenzen gesetzt sein? Und warum sollte irgendein vernünftiger Mensch meinen, Gott wünsche sich, dass wir Mangel leiden oder auf irgendetwas verzichten, was unser Herz begehrt? Um den Charakter zu formen? Um dich zu prüfen? Damit du dich mehr bemühst, in den Himmel zu kommen? Haben nicht zahllose andere Menschen das, was du dir wünschst, ohne arm gewesen zu sein?

Und als Zugabe folgen hier noch ein paar weitere Überzeugungen, die du vielleicht gerne für dich übernehmen möchtest, wenn du die Fülle bereits kennst. Doch wie alle anderen sind auch diese lediglich Vorschläge:

- Alles, was ich anfasse, verwandelt sich in Gold.
- Ich bin genial, klug und erkenne die Zeichen der Zeit.
- Ich habe der Welt vieles zu bieten.
- Ich habe schon immer »Glück« gehabt.
- Ich ziehe Geld an wie ein Magnet.
- Ich bin zum Erfolg geboren.

Achte darauf, dass die Liste deiner Überzeugungen für jeden deiner Träume so kreativ und lang wie möglich ist. Halte dich immer an das, was sich für dich richtig und gut anfühlt. Und falls dir gar nichts zu den Überzeugungen einfällt, die du hättest, nachdem du dein Leben in einem bestimmten Bereich erfolgreich verändert hast? Dann nutze stattdessen die Überzeugungen als Ausgangspunkt, die du anderen erfolgreichen Menschen unterstellst: Richard Branson, Gandhi, Lady Gaga oder anderen Vorbildfiguren.

Gruß vom Universum

Wenn es um das Erlangen von »Besitz« geht, dann haben viele wunderbare junge Seelen Einwände. Die Vorstellung von Besitzerwerb bereitet ihnen Sorgen. Ihre Seele wird von Schuldgefühlen gequält, wenn ihnen materielle Dinge Freude bereiten. Der Gedanke, dass andere weniger haben könnten als sie, lässt sie erschaudern.
Selbstverständlich sind derartige rechtschaffene und selbstlose Gedanken ein bedeutender Verursacher von Mangel in einer Welt grenzenloser Fülle, aber sie werden es schon noch lernen.
So sind Kinder!
Das Universum

PS: Es ist mehr als genug für alle da, glaub mir.

Verankere die neuen Überzeugungen

Deine Überzeugungen sind Bestandteil deiner Weltsicht. Normalerweise entstehen sie im Gefolge unserer Erfahrungen. Anders gesagt: Überzeugungen sind die Meinung, die du dir zum jeweiligen Moment bildest. Indem du sie veränderst, nimmst du Einfluss auf deine Erfahrungen. Deine

Erfahrungen zu verändern heißt, dein Verhalten zu verändern! Hör auf damit, deiner Umwelt die Gestaltung deiner Erfahrungen zu überlassen, denn sie kann immer nur mehr vom Gleichen liefern. Deshalb werden die Reichen reicher und die Armen ärmer, und wer in der Mitte zwischen beiden feststeckt, bleibt auch weiterhin dort. Wir selbst manifestieren, meist unbewusst, unsere Lebensumstände. Auf ihrer Basis bilden wir Meinungen aus und ziehen Schlüsse, aus denen wiederum unsere Überzeugungen hervorgehen. Und diese Überzeugungen lösen wieder ähnliche Gedanken aus, die zu ähnlichen Umständen führen, die uns unser Verhalten diktieren und zur Verstärkung der ursprünglichen Überzeugungen beitragen! Durchbrich den Kreislauf, indem du deine Reaktion auf die Welt um dich her veränderst. Handle auf eine Weise, die zeigt, dass du um die Veränderbarkeit der Dinge weißt, obwohl die Fakten anfangs jegliche Veränderung zu leugnen scheinen. Solches Verhalten haben wir bereits besprochen: *Tu so, als ob!* Tu so, als seien die Überzeugungen, die du weiter oben ausgeführt hast, bereits deine eigenen.

Das alles ist ganz leicht! Du musst der Veränderung nur ein wenig Zeit lassen, vielleicht sogar ein paar Monate oder im schlimmsten Fall ein paar Jahre, aber kommen wird sie, und ich versichere dir, es lohnt sich auf jeden Fall, diese Zeit zu investieren.

Der neue Zyklus funktioniert folgendermaßen: Ungeachtet dessen, was du bisher in deinem Leben manifestiert hast, mach dich jetzt mit deinen neuen Überzeugungen auf den Weg und beginne damit, dein Verhalten zu verändern. Damit löst du neue Gedankengänge aus, die letztendlich neue Umstände manifestieren werden (so ist das Gesetz). Die Gewahrwerdung neuer Umstände verursacht mehr neue Überzeugungen, die sich in Übereinstimmung mit deinem Traum entwickeln und sich auf ihn ausrichten. In ihrem Gefolge werden weitere neue Gedanken und Aktivitäten folgen. Sie werden deine Erfahrungen und dein Verhalten unterstützen und deine neuen Überzeugungen verfestigen. Das alles ist ganz leicht! Du musst der Veränderung nur ein wenig Zeit lassen, vielleicht sogar ein paar Monate oder im schlimmsten Fall ein paar Jahre, aber kommen wird sie, und ich versichere dir, es lohnt sich auf jeden Fall, diese Zeit zu investieren.

Wenn mir vor elf Jahren, als ich mich verzweifelt nach Veränderung sehnte, jemand erzählt hätte, dass mein Leben in wenigen Jahren abheben würde, ich hätte mich am Boden zerstört gefühlt! Jahre? Das soll wohl ein Witz sein? ICH WILL VERÄNDERUNG JETZT! SOFORT! Ich könnte wetten, du kennst dieses Gefühl. Doch wenn Träume wahr werden, dann sind sie viel besser, erfreulicher, vielschichtiger und umfassender, als du dir das jemals hättest vorstellen können. Das bestätigen alle, die es selbst erlebt haben. Ja, ich bin mit meinem Leben heute so glücklich – und bin es schon eine ganze Weile –, dass mir praktisch *keine* Wartezeit zu lang erscheint. Wenn ich gewusst hätte, wie toll sich die Dinge entwickeln würden und wie überwältigend es sein würde, mein heutiges Leben zu führen, dann hätte ich selbst zehn oder zwanzig Jahre als kleinen Preis für mein heutiges Leben empfunden. *Eine Kleinigkeit!*

Das heißt nicht, dass du zehn oder zwanzig Jahre oder auch nur eines oder zwei warten musst! Bei dir könnten die Veränderungen viel rascher einsetzen als bei mir. Beschäftige dich mit einigen aktuellen Erfolgsgeschichten – es gibt viele, bei denen sich die ersehnte Veränderung praktisch über Nacht eingestellt hat. Auch bei dir könnte es so sein. Ich rate dir, die nötige Geduld aufzubringen. Alles wird eintreffen, wie du es willst. Und wenn es geschieht, wird es so großartig sein, dass dir die Wartezeit kurz vorkommt, egal, wie lange du nun wirklich gewartet hast.

Um die Überzeugungen zu verankern, die du aufgeführt hast, handle so, als seien sie bereits die deinen. Das bedeutet, einfach allem die Vorstellung von grenzenloser Fülle zugrunde zu legen. Handle so, als stehe es dir zu, als seiest du überzeugt, dass genug für alle da ist, als seiest du das grenzenlose Lichtwesen, dem alles möglich ist. Als wüsstest du, dass du mehr Menschen erreichen kannst, wenn du von Reichtum und Fülle umgeben bist. Als sei dir klar, dass du dein Leben auf der Ebene der Manifestation als »Materiemanipulator« führst, dass du der geborene Abenteurer bist, der alles haben, tun und sein kann. Als gäbe es keinen Zweifel für dich, dass du ein Kind des Universums bist, dem alles möglich ist. Wie? Insbesondere, indem du aus dem Vollen lebst, indem du so tust, als ob, indem du spielst, lachst, dich entspannst und »dir Schuhe für den Weg kaufst«. Ein paar positive Gesten jeden Tag werden deine Überzeugungen und dein Leben verändern – tiefgreifend.

Gruß vom Universum

Das Merkwürdige an deinem oftmals langen und einsamen Weg durchs Leben ist, dass er dir, sobald du an sein Ende gelangst und zurückblickst, weder als das eine noch als das andere erscheint.
Witsch!
Das Universum

Und da war ich nun also, schickte meinen Vermögensberaterlebenslauf herum und schrieb kostenlos meine Montagmorgen-Motivations-Mails, bis der Zeitpunkt für mein Gefälligkeitsvorstellungsgespräch gekommen wäre. Ich hatte keinen Anzug; zehn Jahre lang war ich in T-Shirts und kurzen Hosen zur Arbeit gegangen. Also machte ich mich auf den Weg, um mein Vertrauen darauf unter Beweis zu stellen, dass mein Leben jetzt abheben würde. Ich marschierte nicht einfach in irgendein Kaufhaus, um dort irgendeinen ollen Anzug zu kaufen, sondern direkt in den brandneuen *Saks Fifth Avenue*-Laden, der eben erst in Orlando als einziger und teuerster in ganz Florida eröffnet hatte. In der Herrenabteilung wurde mir ihr teuerster blauer Anzug angepasst, und das war noch nicht alles.

Während all dies geschah, plauderte der Verkäufer mit mir und fragte mich schließlich, womit ich meinen Lebensunterhalt verdiente. Treffer! Ich wollte nicht sagen, dass ich gerade arbeitslos war, und auch nicht, dass ich soeben mein Unternehmen abgewickelt hatte. Damit hätte ich nur meine Ängste befördert. Also blickte ich ihm in die Augen, verwarf eine halbe Million möglicher Antworten und sagte schließlich: »Ich trete mit öffentlichen Vorträgen auf.« Stimmte ja auch irgendwie, schließlich redete ich viel. Außerdem war ich bereits bei Toastmasters eingestiegen und hatte die Vortragstätigkeit als eine Richtung erkannt, die mein Leben durchaus einschlagen könnte. Ich beschrieb eine »Wirklichkeit«, die sich erst noch einstellen würde, auch wenn mich zum damaligen Zeitpunkt gewiss niemand als Redner bezeichnet hätte. Daraufhin legte der Verkäufer noch einmal nach und rief: »Aber dann brauchen Sie die besten Schuhe des Hauses!« Doppeltreffer! Natürlich hatte er recht, ich brauchte passende Schuhe zu meinem neuen Anzug. Der Preis des Anzugs bereitete mir bereits erhebliche Bauchschmerzen! Doch nun würde ich nicht klein beigeben, und als sei es noch nicht genug, ein paar tausend Dollar für einen Anzug auszugeben, kaufte ich auch noch die »besten Schuhe des Hauses« und lieferte einen echten Vertrauensvorschuss.

Von dieser Kauforgie einmal abgesehen, war ich im Großen und Ganzen äußerst genügsam. Als jedoch die Zeit kam, in Urlaub zu fahren, quartierte ich mich in einem Fünf-Sterne-Hotel ein. Natürlich nicht für zwei Wochen, sondern nur für ein langes Wochenende. Auf halbwegs regelmäßiger Basis gestattete ich mir kleine Prassereien, um mich daran zu erinnern, wer ich wirklich war. Ich wollte dem Universum die Richtung zeigen, die ich einschlagen wollte, und ich wollte mich von meinem Armutsbewusstsein lösen, das mich die meiste Zeit fest im Griff hatte. Wenn ich mich mit weniger zufrieden gab, dann erkannte ich wohl, dass ich mir mit diesem Verhalten keinen Gefallen tat, doch damals war ich einfach noch nicht dazu in der Lage, meine alten Überzeugungen vollständig über Bord zu werfen und mir zu sagen: »Hey, nun sei doch mal ein bisschen mutiger!« Also arbeitete ich an mir. Ich tat, was ich konnte, unter Einsatz dessen, was ich hatte, schickte beide Möglichkeiten gegeneinander ins Rennen und zog meinen Vorteil daraus (ich liebe diese Vorstellung!). Und ich veränderte meine Erfahrungen, indem ich erst mein Handeln veränderte und dann meine Überzeugungen mit dem Leben meiner Träume in Einklang brachte.

Und vergiss nicht, was ich bereits an früherer Stelle erwähnte: Man kann Vertrauensvorschüsse auch leisten, ohne einen einzigen Cent auszugeben.

Gruß vom Universum

Kannst du glauben, dass es tatsächlich Menschen gibt, die meinen, ihr Leben zum Besseren wenden zu können, indem sie so tun, als sei es schon besser? Die gibt es tatsächlich. Und wir ehren sie als Meister.
In großer Ehrfurcht vor euch,
das Universum

PS: Jedenfalls ist das besser, als so zu tun, als sei nichts geschehen. Jawohl!

Und was macht man, wenn man echte Probleme hat?

Nun, ich habe behauptet, dass es, rückblickend betrachtet, gar nichts gab, was mit mir nicht stimmte. Vollständigen Schiffbruch hatte ich gar nicht erlitten. Mein Schiff hatte lediglich einen neuen Kurs eingeschlagen. Nun könntest du natürlich behaupten, dass ich nur deshalb alles anwenden konnte, was ich bisher an dich weitergegeben habe. Du könntest denken, ich sei nur deshalb später erfolgreich gewesen, weil sich mein Leben bereits auf dem richten Kurs befand. Falls du dieser Meinung bist, dann könntest du dich jetzt natürlich fragen, ob meine Zwei-Schritte-Taktik bei der Neuausrichtung meiner Überzeugungen auch dann funktioniert hätte, wenn es *doch und tatsächlich* irgendwelche einschränkenden Überzeugungen gegeben hätte, die mich von der Verwirklichung meiner Träume abhielten.

Meine Flugangst

Mit fünfundzwanzig Jahren, als ich in Riad, Saudi Arabien, für Price Waterhouse arbeitete, war ich im wahrsten Sinne des Wortes schon mehrmals um die Welt geflogen – manchmal mit den klapprigsten Flugzeugen von Fluglinien, deren Namen dir bestimmt noch nie untergekommen sind. Wir waren von Rollfeldern abgehoben, die nichts anderes waren als eine Wiese. Trotz alledem entwickelte ich keinerlei Ängste. Mir machte das Fliegen Spaß!

Dann, als ich eines Tages in einer Delta-Air-Maschine saß und wir in 11 000 Meter Höhe über Kansas dahinflogen, gerieten wir in Turbulenzen. Eigentlich gar nichts Schreckliches, wirklich. Vermutlich nicht schlimmer als das, was du selbst schon erlebt hast. Ich saß am Fenster und blickte, während das Flugzeug seine Sprünge machte, unablässig in die Tiefe, und mit einem Mal überkam mich absolute Todesangst. Falls du noch nie etwas dergleichen erlebt hast, dann versichere ich dir, es ist mit nichts anderem auf der Palette menschlicher Gefühle vergleichbar. Und ich bekam mein Entsetzen, das durch irgendeine geheimnisvolle, irrationale Angst ausgelöst worden war, nicht mehr in den Griff. Es war durchdringend, und kein noch so logisches Argumentieren konnte mich davon befreien.

Von diesem Augenblick an war das Fliegen für mich der blanke Horror. Seither klammerten sich meine Hände schon beim kleinsten Anzeichen von Turbulenzen und manchmal auch ganz ohne irgendeinen Anlass um die Armlehnen, die Knöchel färbten sich weiß, mein Herz raste, und ich wünschte mir nichts sehnlicher, als meinen Reihennachbarn zu packen und zu fragen: »Haben Sie das nicht auch gespürt? Haben Sie auch Angst? Meinen Sie, wir überleben das?«

Ohne dass ich es mir eigens vornahm und auf Umwegen, folgte ich meinem eigenen Rat. Mit den zwei Schritten, die ich dir weiter vorne vorgeschlagen habe, brachte ich mich selbst auf den richtigen Kurs, um wieder ein furchtloser Flugpassagier zu werden.

Erstens, ich stellte fest, welche Überzeugungen furchtlose Flugpassagiere haben

Basierend auf meinen spirituellen Erkenntnissen und auf meiner Vernunft, stellte ich die nachfolgende Liste zusammen:

- *Niemand stirbt, bevor seine Zeit gekommen ist.* Der Tod kommt nicht zufällig, nicht einmal bei den skurrilsten oder groteskesten »Unfällen«. Keiner »geht«, bevor er an der Reihe ist.
- *So etwas wie den Tod gibt es nicht – jedenfalls nicht in der Form, wie wir ihn uns typischerweise vorstellen.* Es findet lediglich ein Bewusstseinswandel statt. Ich meine, dass wir, wenn wir diese Welt verlassen, woanders wieder »auftauchen« – ein besserer Ausdruck fällt mir leider nicht ein. Wir haben dann immer noch denselben Geist, dieselben Erkenntnisse, Gedankengänge, Grundprinzipien, Vorstellungen, Vorlieben und Abneigungen, wie wir sie zuvor auch während unseres irdischen Daseins hatten.
- *Den Zeitpunkt meines Todes wird mein höheres Selbst wählen, weil es ihn als ideal erkannt hat.* Wieso sollte ich mich, mit meiner auf meiner Körperlichkeit basierenden Perspektive, über eine so erhabene Entscheidung hinwegsetzen?
- *Fliegen ist um einiges sicherer als Fahren; die Statistik bestätigt, dass es die sicherste Art des Reisens ist.* Ich erinnerte mich beständig daran, dass Flugzeuge praktisch niemals abstürzen.

Diese Gedanken trösteten mich. Ich nutzte Statistiken, Fakten und meine eigenen spirituellen Einschätzungen, um mich an diese Wahrheiten zu erinnern. So förderte ich in mir Überzeugungen, die meine Flugangst bezähmen helfen würden.

War das ausreichend? Ich wollte, dass es ausreichend war. Vielleicht habe ich es mir sogar gewünscht! Doch wie ich bereits verdeutlicht habe, es ist selten (wenn überhaupt jemals) damit getan, die Wahrheit nur zu kennen. Wenn du etwas verändern willst, dann musst du sie auch leben und ihr in deinem Erleben eine konkrete Form geben.

Zweitens, ich verankerte diese Überzeugungen

Ich nutzte zwei Herangehensweisen, um meine neuen Überzeugungen in mir zu festigen:

- *Erstens weigerte ich mich, unablässig das Problem in meinem Kopf hin und her zu wälzen. Ich sprach mit niemandem über meine Ängste, außer mit meinem Bruder und meiner Mutter.* Über meine Ängste zu sprechen, hätte sie lediglich verstärkt. Auch gegenüber meiner Familie erwähnte ich mein »Problem« nur beiläufig und ließ nie zu, dass es sich zu einem großen Thema auswuchs. Das war nicht immer einfach. Wenn wir ein Trauma durchleben, sei es übermächtige Angst, ein gebrochenes Herz oder die persönliche Zahlungsunfähigkeit, dann spüren wir den instinktiven Drang, der ganzen Welt davon Mitteilung zu machen.
- Als eine frühere Freundin auf skandalöse Weise mit mir Schluss gemacht hatte, überkam mich einmal sogar im Lebensmittelgeschäft das zwingende Bedürfnis, eine mitfühlend wirkende ältere Dame am Arm zu nehmen und sie zu fragen: »Wissen Sie, was meine Freundin mir eben angetan hat?« Wir suchen Mitgefühl. Wir wollen

getröstet werden. Wir wünschen uns, dass irgendjemand »versteht«, was wir gerade durchmachen. Doch wenn wir es übertreiben und zu viel über unsere Irrungen und Wirrungen sprechen, dann gehen wir das Risiko ein, uns in unserem Leid einzurichten. Oder, was noch schlimmer wäre, wir holen noch mehr davon in unsere Zukunft. Wer sich bei solchen leidvollen Gedanken aufhält, nimmt Einfluss auf die Umstände und sorgt dafür, dass sie Dinge werden. Bei mir hat es funktioniert, dass ich überwiegend den Mund gehalten habe. Aber vielleicht möchtest du mit Angehörigen, Freunden oder einem Therapeuten etwas mehr über dein »Problem« sprechen. Entscheide selbst, ob es dir besser bekommt, wenn du darüber sprichst oder wenn du schweigst.

- *Zweitens achtete ich darauf, niemals die Gelegenheit zu einem Flug auszulassen.* Damals war ich noch nicht so oft mit dem Flugzeug unterwegs. Doch nun gab ich immer, auch wenn es nur eine kurze Strecke war, dem Flugzeug vor dem Auto, dem Zug oder dem Bus den Vorzug. Ich würde fliegen. Ich musste. Es lag in meiner Verantwortung, so zu tun, als sei Flugangst ein Fremdwort für mich.

Du musst lediglich wissen, wohin du willst, dieses Wissen mit deinen bisherigen Erkenntnissen verbinden und dich entsprechend *verhalten.*

Es dauerte ungefähr fünf Jahre, bis ich meine Todesangst überwand. Doch das ist nicht der Grund, warum ich diese Geschichte erzähle. Ich will vor allem mitteilen, dass ich bis zum heutigen Tag nicht weiß, warum ich das alles »durchmachen« musste oder was mit mir »nicht stimmte«. Auch in diesem Fall trifft natürlich zu, dass jegliche Irrationalität auf irgendwelchen versteckten, verwirrenden und uns einschränkenden Überzeugungen beruht. Dennoch beweist die Geschichte, dass man *nicht* durchschauen muss, wo der Hase im Pfeffer liegt, um irrationales Verhalten zu bekämpfen, um sich weiterzuentwickeln und sofort Veränderungen im eigenen Leben zu bewirken. Du musst lediglich wissen, wohin du willst, dieses Wissen mit deinen bisherigen Erkenntnissen verbinden und dich entsprechend verhalten.

Zusätzliche Anerkennung

Für die Verankerung neuer Überzeugungen, die man im ersten Schritt ermittelt hat, bediene ich mich gerne des folgenden Zwischenschrittes. Bewege deine neuen Überzeugungen in deinem Kopf, während du einschläfst, zur Arbeit fährst, das Frühstück zubereitest, den Abwasch machst, Sport treibst oder irgendeine andere manuelle Tätigkeit verrichtest. Finde heraus, wie sie sich für dich anfühlen. Überprüfe ihre Gültigkeit, ihren Wahrheitsgehalt: »Ja, ich bin ein unsterbliches Lichtwesen. Ja, mir stehen alle Türen offen. Ja, meine Gedanken werden Dinge. Und ja, dass ich etwas mein Eigen nennen kann, bedeutet nicht, dass für andere nichts mehr übrig ist.« Bewege diese Gedanken in deinem Kopf, damit du dir ihre Klarheit, Wahrheit und Genialität vergegenwärtigst.

Auf diese Weise überschwemmst du dich selbst mit Wahrheit und neuen Überzeugungen, damit sie selbstverständlich und ein natürlicher Bestandteil deiner Weltsicht werden. Das erinnert mich an *Die Möwe Jonathan,* das Buch von Richard Bach, das ich bereits an früherer Stelle erwähnte. Die Geschichte handelt von einer Möwe namens Jonathan, die mehr vom Leben will, als immer nur auf Nahrungssuche zu sein. Im zweiten Teil des Buches begegnet

Jonathan der weisen alten Möwe Chiang, die in Gedankengeschwindigkeit fliegen und innerhalb von Sekundenbruchteilen erscheinen und verschwinden kann und dies auch vor Jonathan tut.

Jonathan wünscht sich, ebenfalls so zu fliegen wie Chiang. Doch die weise Möwe erklärt Jonathan, dass man in Gedanken bereits angekommen sein muss, wenn man so schnell fliegen will wie ein Gedanke. Also setzt sich der kleine Jonathan an den Strand und denkt über diese Erklärung nach und versucht, sich vorzustellen, er sei bereits angekommen. Auch alles andere, was die alte Möwe ihm mitgeteilt hat, beschäftigt ihn zutiefst: Jede Möwe ist als Abbild der großen Möwe selbst geschaffen (Wissen bedeutet Freiheit).

Chiang macht Jonathan klar: Der Trick besteht darin, sich nicht mehr als ein Wesen zu begreifen, das in einem Körper mit einer Flügelspannweite von einem Meter und mit einer vorhersehbaren Leistungsfähigkeit feststeckt. Er muss erkennen, dass sein wahres Wesen so vollkommen wie eine ungeschriebene Zahl überall gleichzeitig in Raum und Zeit existiert.

Und nachdem Jonathan tagelang, ohne sich zu rühren, dagesessen hat, schnellt er plötzlich hoch, öffnet die Augen und ruft: »Aber natürlich! Mir sind keine Grenzen auferlegt, denn ich bin das Abbild der großen Möwe selbst!« Und als er diese Worte sagt, verschwindet er und erscheint an einem Strand auf einem anderen, weit entfernten Planeten. Die Erleuchtung ist so überwältigend und erfolgt auf so tiefgreifende Weise, dass schon sein Wunsch ausreicht, um ihn an den weit entfernten Strand zu führen.

Die Geschichte von der Möwe Jonathan handelt von spontaner Erleuchtung. Zwar steht in ihrem Mittelpunkt eine ausgedachte Möwe, aber du weißt sehr wohl, dass du diese Geschichte bereits dein ganzes Leben lang erlebst. Jedes Mal, wenn du dich in Gedanken intensiv mit etwas beschäftigst, es von allen nur denkbaren Seiten betrachtest, kommt plötzlich in einem Geistesblitz die Antwort. Diesen Mechanismus kannst du dir zunutze machen, um dir die Wahrheiten des Lebens zu erschließen. Insbesondere jene, die dich in eine Position des Handelns versetzen und das Räderwerk sinnvoller Lebensveränderungen in Gang setzen. Dieser Mechanismus wird ausgelöst durch das Umgehen mit neuen, ermächtigenden Ideen, die mit den Träumen deines Lebens übereinstimmen. Bis zu dem Tag, an dem sie ein integraler Bestandteil deiner Existenz sind und im Zentrum deines Handelns stehen.

Um zu diesen Erkenntnissen zu gelangen, musst du weder ein Buch lesen noch es aus den Nachrichten oder von anderen Menschen erfahren. Schließlich hat jeder Mensch Zugang zu seinem höheren Selbst, zu jener »anderen Seite« von uns, zum Universum – zu allem, immer und jederzeit, erinnerst du dich? Spontane Erkenntnis und das plötzliche Begreifen einer tiefen, bisher verborgenen Wahrheit ist allen Menschen zugänglich, die ihren Verstand gebrauchen wollen, Erkenntnis suchen und über die großen Wahrheiten nachdenken, denen sie Form geben und die sie zum Ausdruck bringen wollen. Mach deinen Anfang, indem du die erwünschten Überzeugungen mit dem Verstand logisch und rational erfasst, bis sie dir schließlich ihre Wahrheit offenbaren. Und selbstverständlich lässt sich der Prozess durch Handeln beschleunigen und erleichtern – bewege dich in allgemeiner Richtung auf die Erfüllung deiner Träume zu, bring deine neu gefundene Weisheit zum Einsatz, übernimm die Rolle des erleuchteten, erfolgreichen, glücklichen Meisters. Mach die ersten Babyschrittchen. Tu so, als ob.

Gruß vom Universum

Einer erleuchteten Seele wird die Wahrheit nicht offenbart, sie ruft sie herbei. Und die erleuchtete Seele tut dies nicht nur dann, wenn sie vom Schmerz dazu getrieben wird, sondern auch, wenn der Fluss des Lebens gerade ruhig dahinfließt.
Land in Sicht!
Das Universum

PS: Tut mir leid, Schmerz, aber du musst zugeben, dass es so viel praktischer ist. Hat sich so ergeben. Ehrenwort. Der Vorteil: Man muss nicht erst darauf warten, dass sich neue Fragen ergeben.

Geben und seinen Teil beitragen

Der letzte Abschnitt im Kapitel »Die eigenen Überzeugungen auf Kurs bringen« handelt vom Geben. Ich werde oft gefragt, was ich vom Schenken und Abgeben halte: »Kann denn Geben zur Fülle führen? Ist es etwa sogar Voraussetzung?«

Es gibt weder *müsste* noch *sollte,* und es ist möglich, Reichtum und Fülle zu erlangen, ohne irgendjemandem einen einzigen Cent zu geben. Doch davon abgesehen, dass Schenken Freude bereitet, kann Großzügigkeit dafür sorgen, dass dem Geber auf der Ebene der Manifestation sogar noch mehr zufließt.

Viele spirituelle Schulen fördern Wohltätigkeit und versprechen als Gegenleistung spirituellen und sogar finanziellen Lohn. Deshalb gehen viele Menschen davon aus, dass es irgendein wertendes Belohnungssystem gibt, vielleicht angeordnet von einem gütigen Gott, der wohlwollend auf den Geber blickt und sagt: »Das ist aber nett von dir. Zur Belohnung werde ich nun *dir* ein Geschenk machen.« Doch da draußen gibt es keinen Gott, der basierend auf unserem Verhalten Urteile fällt und damit die einen den anderen vorzieht. Göttliche Intelligenz ist allumfassend und gibt sich nicht mit Bevorzugungen ab. Vielmehr erkennt sie in jedem von uns jederzeit die eigene Göttlichkeit, ganz egal, wie unser Tag sich gestaltet. Diese Art der Beurteilung wäre nicht nur ungerecht und lieblos (vielleicht sind ja manche Menschen einfach noch nicht so weit, abgeben zu können): Sie würde sich auch unseren Gedanken, die Dinge werden wollen, und sogar den Ereignissen in unserem Leben in den Weg stellen. Es gibt nur einen Grund, warum das Geben unseren Zielen dient: Auf der Ebene der Manifestation ist dieses Handeln gleichbedeutend mit dem Vertrauen darauf, dass für uns gesorgt und genug für alle da ist.

Jedes Mal, wenn du etwas gibst – sei es deine Zeit, dein Mitgefühl oder deine finanziellen Mittel –, bringst du die Gewissheit zum Ausdruck: »Für mich ist gesorgt.« Mal ehrlich, wenn du das Gefühl hättest, dass dein Geben dir wirklich und auf Dauer etwas fortnimmt – von deiner Zeit, deinem Mitgefühl oder deinen finanziellen Mitteln –, dann würdest du doch ab sofort weniger, wenn überhaupt noch irgendetwas geben. Es würde im wahrsten Sinne des Wortes um dein Überleben gehen, und du dürftest deine Mittel nicht verschwenden. Du könntest es dir gar nicht leisten, Geschenke zu machen! Doch so sind deine Empfindungen gar nicht. Da wir spirituelle Wesen sind, spüren wir auf ganz natürliche Weise die Fülle des Lebens, und wenn wir geben, dann denken wir uns dabei: »Du kannst das ruhig annehmen. Viel Freude daran. Ich komme deshalb nicht zu kurz.« Und diese Empfindungen, diese Gefühle und Gedanken sind es, die letztlich bewirken, dass du belohnt wirst. Denn sie zeigen dein Vertrauen darauf, dass für dich gesorgt ist. Auf magische Weise gerätst du in Situationen, in denen deine Gedanken und Gefühle Dinge werden und in denen dir noch mehr gegeben wird.

Jedes Mal, wenn du etwas gibst, sei es deine Zeit, dein Mitgefühl oder deine finanziellen Mittel, bringst du die Gewissheit zum Ausdruck: »Für mich ist gesorgt.«

Wie ich im vorhergehenden Kapitel erklärte, ist Dankbarkeit wirkungsvoll, weil sie gleichbedeutend ist mit dem Gedanken: »Ich habe empfangen.« Geben ist sogar noch wirkungsvoller, denn es ist ein physischer Beweis.

Selbstverständlich müssen sich Dankbarkeit und Geben nicht gegenseitig ausschließen! Mach dir beides zu eigen, wenn du mehr willst – von allem. Doch Geben setzt Handeln voraus, und Handeln lockt nicht nur die Magie des Lebens aus der Reserve, es verankert auch neue, stimmige und unterstützende Überzeugungen. Diese werden ihre eigenen Gedanken hervorbringen und in der Folge ihre eigenen Manifestationen. Aus diesem Grund lasse ich mir keine Gelegenheit zum Geben entgehen, ob es sich nun um ein Geschenk handelt, eine Spende oder um Ratschläge, Aufmerksamkeit, Unterstützung, Liebe und Freundschaft. Und das kannst du auch. So wie du auf vielfältige Weise gibst, wird auch dir gegeben.

Zuletzt sei noch daran erinnert: Damit deine Dankbarkeit und/oder dein Geben so viele Früchte trägt wie möglich, musst du Träume haben *und* ihre Umsetzung zielgerichtet verfolgen.

Berge versetzen

Deine Gedanken übernehmen die Arbeit für dich. Sie werden zu den Dingen und Ereignissen deines Lebens, vorausgesetzt, du machst jeden Tag deine kleinen Babyschrittchen. Doch es sind deine Überzeugungen, die dich hindern oder es dir gestatten, deine Gedanken zu denken. Indem du deine Überzeugungen auf deine Träume ausrichtest, nimmst du Einfluss auf deine Gedanken, und alles Übrige kommt von ganz allein. Wenn du dir also das Universum und die Magie des Lebens zunutze machen willst, dann musst du als Allererstes an deinen Überzeugungen arbeiten. Indem du zunächst die Überzeugungen ermittelst, die dich in deinen Vorhaben unterstützen, und dann vertrauensvoll so handelst, als seien sie bereits deine eigenen, kannst du mit minimalem Aufwand tatsächlich Berge versetzen, Herausforderungen bewältigen und deine Träume verwirklichen.

Zusammenfassung

- Unsere Gedanken formen unser Leben, doch unsere Überzeugungen formen unsere Gedanken. Um Veränderung rasch herbeizuführen, arbeite zunächst an deinen Überzeugungen, die Einfluss nehmen – erst auf deine Gedanken und dann auf dein ganzes Leben.
- Du musst nicht meinen, dass irgendetwas mit dir nicht stimmt, nur weil du bisher deine Träume nicht verwirklichen konntest. Um es noch einmal deutlich zu sagen: Mit dir ist alles in Ordnung!

- Es ist nicht erforderlich zu begreifen, wie du dorthin gelangt bist, wo du dich gerade jetzt in deinem Leben befindest. Um es ganz einfach auszudrücken: Der gewinnbringende Einsatz des Universums und der Magie des Lebens läuft auf zwei einfache Schritte hinaus, die Definition des Endergebnisses und das Tätigwerden in Richtung auf dieses Ziel.
- Zwischen dir und dem Traumleben, das du morgen führst, stehen lediglich die Gedanken, Worte und Taten, die du heute wählst.
- Die eigenen Überzeugungen richtest du aus auf das Leben deiner Träume, wenn du:
- Erster Schritt: Die Überzeugungen ermittelst, die dir dienen.
- Zweiter Schritt: Diese Überzeugungen verankerst, indem du so tust, als seien sie bereits deine eigenen.
- Um die Verankerung deiner neuen Überzeugungen zu beschleunigen, beschäftige dich mit ihnen und konzentriere dich auf die Strahlkraft ihrer Wahrheit, damit sie rasch zu einem Bestandteil deiner Weltsicht werden.
- Unsichtbare negative Überzeugungen müssen, wenn man sie überhaupt hat, nicht erst ermittelt werden, damit man über sie hinausgehen kann.
- Der physische Akt »Schenken und Abgeben« wird belohnt, weil er gleichbedeutend ist mit der Gewissheit, dass für dich gesorgt ist.

Anregende Übungen

Neue Überzeugungen auf den Kurs des Traums bringen

Mit einem Traum im Hinterkopf:

1. Denk an die aufgelisteten Überzeugungen, die seine Manifestierung erleichtern würden, oder stell dir jemanden vor, der bereits erreicht hat, wovon du noch träumst. Benenne im Einzelnen die Überzeugungen, die den Erfolg dieser Person ermöglicht haben könnten.

2. Handle so, als ob die oben aufgeführten Überzeugungen bereits deine eigenen wären. Um dir den Übergang zu erleichtern, erinnere dich zunächst an die Dinge, die du jetzt tun könntest und die darauf hinweisen würden, dass du dir einige dieser Überzeugungen bereits zu eigen gemacht hast.

3. Praktiziere deinen Vertrauensvorschuss auf regelmäßiger Basis, indem du möglicherweise für jede Woche im Vorhinein etwas einplanst.

Wiederhole diese Übung für jeden deiner wichtigsten Träume.

SECHSTER SCHRITT: Die Magie des Lebens anmustern

Von meinen Zoologenfreunden weiß ich, dass man noch nie eine Entenmutter dabei beobachtet hat, wie sie ihren Entenküken sagt: »Liebe Kinder, wir nähern uns jetzt einem Bach, den wir überqueren müssen, also stellt euch alle schön in einer Reihe auf!« So verhalten sich Enten nun einmal nicht. Müsste die Mama-Ente warten, bis sich alle ihre Kinder schön in einer Reihe aufgestellt haben, dann würden sie nie auf die andere Seite kommen. Da sie dies instinktiv weiß, marschiert sie einfach weiter. Dann *und nur dann* klettern ihr ihre Babys in einer Reihe hinterher.

> **»Anfangen« ist ein physischer Beweis und der höchste Vertrauensvorschuss, der das Universum und die Magie des Lebens anmustert. Damit bringen wir zum Ausdruck: »Ich bin auf dem Weg und ich habe vor, das Ziel zu erreichen!«**

Genauso verhält es sich mit dem Universum und der Magie des Lebens. Unsere »Entlein« werden, wollen und können sich nicht in einer Reihe aufstellen, bis wir losmarschieren! Und das heißt, dass wir unsere Reise antreten müssen, auch wenn unsere Entenküken noch nicht aufgereiht vor uns stehen. Warten bringt nichts. Marschierst du jedoch los, dann folgen dir deine Küken. »Anfangen« ist ein physischer Beweis und der höchste Vertrauensvorschuss, der das Universum und die Magie des Lebens anmustert. Damit bringen wir zum Ausdruck: »Ich bin auf dem Weg und ich habe vor, das Ziel zu erreichen!« Und mit dieser tiefempfundenen Demonstration auf der Ebene der Manifestation rufen wir förmlich herbei, was wir später brauchen, um das Ziel unserer Reise zu erreichen.

Gruß vom Universum

Wenn du mit deinem Tanz einfach anfängst, dann kann ich dir aufgrund der mir verliehenen Macht (mehr als du dir jemals vorstellen kannst) versichern, dass die Musik und die Tanzpartner und die Riesendiscokugel und alles, was du dir sonst noch wünschst, hinzugefügt werden.
Aber auf eins muss ich dich hinweisen: »Anfangen« heißt nicht »anfangen und dann aufhören, um zu sehen, ob irgendetwas geschieht«. Auf keinen Fall, denn das bedeutet nur: »Ich fürchte mich, ich bin müde und weiß überhaupt nicht, was ich eigentlich will.«
Ich meine »anfangen und dranbleiben und nicht zurückschauen, denn auch wenn ich einen ›Fehler‹ mache, habe ich wenigstens einmal getanzt«.
Erledige du das Deine, dann tue ich das Meine.
Cha cha cha,
das Universum

Die Art des Anfangens, die ein Niemalsaufhören beinhaltet, tut dies mit dem Gefühl: »Es wird funktionieren. Jeden Tag komme ich meinem Ziel ein Stückchen näher. Jeden Tag fällt mir mein Weg ein bisschen leichter.« Sie verbietet es dir nicht, deine Meinung zu ändern (hierzu mehr im nächsten Kapitel), doch sie verlangt von dir, dass du dich nicht mit weniger oder mit irgendwelchen Ausreden zufriedengibst und dass du nicht untätig auf irgendeine Erleuchtung wartest.

Der morgige Tag bringt seine eigenen Möglichkeiten mit

Im Allgemeinen ist das *verflixte Wie* daran schuld, dass die Leute unterwegs Fahrt verlieren und sogar ihren Kurs mitten im Segelmanöver aufgeben und die Flagge streichen. Plötzlich betrachten sie ihren Fortschritt mit dem Verstand und vergleichen ihre gegenwärtigen Möglichkeiten mit ihrer zukünftigen Wunscherfüllung. Der Beginn ihrer Reise war noch geprägt von ungezähmter Begeisterung für ihr neues Abenteuer und nicht vom blinden Vertrauen auf Vernunft und Vorsicht. Sie fühlten sich geleitet von einem natürlichen, fast kindlichen Vertrauen: dass alles von alleine gut wird, dass sie sich auf das Leben und seine Magie verlassen können und dass mit jeder neuen Herausforderung auch die Lösungen kommen. Was ist geschehen? Die Ursünde – der Versuch, basierend auf Logik die Punkte miteinander zu verbinden, die noch gar nicht zu sehen sind. Und dann, Grauen über Grauen, beginnen diese Träumer, ihre zukünftigen Bedürfnisse nach Finanzierung, Werbung, guten Ideen und was noch alles mit ihren gegenwärtigen Mitteln zu vergleichen.

Anfangen heißt nicht: anfangen und dann stehen bleiben. Es heißt weitergehen. Jeder neue Tag ist ein neuer Anfang, ganz egal, wie verändert das Terrain sich zeigt. Und wenn wir uns diese Definition vom Anfangen – loslegen und dranbleiben – zu eigen machen, dann wird der morgige Tag seine eigenen Mittel und Wege mitbringen.

Sobald du dich ernsthaft auf den Weg machst, wird sich das gesamte Universum mitsamt seinen mächtigen, gigantischen Rädern für dich in Gang setzen. Tag um Tag, Woche um Woche, Monat um Monat werden sie an Schwung zulegen und dir schließlich den Ritt deines Lebens bereiten. Doch wenn du dich mit Zögern und Zweifeln bremst und Gedanken zulässt wie »Es funktioniert nicht«, »Ich bin so verwirrt« oder »Ich glaube, ich mache irgendetwas falsch«, dann kommt das gesamte Universum zum Stillstand. Dein Zögern wird zu seinem Zögern. Gib nicht auf. Ändere deine Meinung, wenn es sein muss. Wenn du willst, schlag eine neue Richtung ein. Korrigiere deinen Kurs. Aber bleib nicht stehen!

Jetzt gerade läuft die Sache gut für dich. So ist es immer. Bis du stehen bleibst. Was mich an eine Formulierung meines Freundes David Norris erinnert: »Alles wird am Ende immer gut. Wenn es so aussieht, als funktionierte irgendetwas nicht, dann ist das Ende noch nicht erreicht.« Wenn du jedoch aufgibst, dann ist *das* der Grund, warum es am Ende nicht funktioniert hat.

* * * Auszeit * * *

Die Flagge streichen

Wenn es ums Flaggestreichen beziehungsweise »Aufgeben« geht, dann gibt es ein paar wichtige Varianten, die Verwirrung oder/und Schmerz verursachen, wenn sie nicht geklärt werden. Die erste betrifft Beziehungen (Liebesbeziehungen ebenso wie alle anderen) und die zweite das *verflixte Wie.*

Beziehungen

Bei jedem Abenteuer, an dem andere Personen mit ihren Gedanken (die ebenfalls Dinge werden) beteiligt sind, bist du *Mit*schöpfer. Über diese Tatsache macht sich die Mehrheit meiner Kursteilnehmer Sorgen. Um ihre Bedenken in gekürzter Form wiederzugeben: »Kann mein schlafmütziger Ehemann, der meint, ich hätte einen Esoterikfimmel, mich davon abhalten, meine Träume zu verwirklichen?« Nein. Jedenfalls so lange nicht, wie von ihm kein bestimmtes Verhalten erwartet wird. Er darf entscheiden, wie *sein* Leben sich entfaltet. Du entscheidest über das deine. Es ist unmöglich, andere Menschen gegen ihren Willen zu kontrollieren oder zu manipulieren. Wenn deine Träume von deinem Glück, deiner Fülle, deiner kreativen, erfüllenden Arbeit handeln, dann sind sie unantastbar. Keiner kann dich aufhalten.

Auf dieses Thema bin ich in *Verändere dein Denken, dann hilft dir das Universum* in aller Gründlichkeit eingegangen. An dieser Stelle möchte ich lediglich noch einmal auf das Offensichtliche hinweisen: Der Fortbestand einer Beziehung hängt immer von beiden Partnern ab. Es könnte also sein, dass die Partnerschaft scheitert, obwohl du nicht »aufgegeben« hast.

Falls du dich durch diese Zusammenhänge nicht ungebührlich eingeschränkt fühlst, bist du wie jeder Mensch in jeder Lebensphase dazu in der Lage, eine glückliche Beziehung zu manifestieren, vorausgesetzt, du bestehst nicht auf einen bestimmten Partner.

Das *verflixte Wie*

Das *verflixte Wie* ist ein ausgebuffter Bursche, der sich gelegentlich als Träume ausgibt. Zum Beispiel: Du willst ein Leben in Fülle und Reichtum führen und kommst zu dem Schluss, dieses Ziel am besten zu erreichen, indem du einen Bestseller schreibst. Statt jedoch diesen Weg als *eine* der Möglichkeiten zu begreifen, versteifst du dich darauf, dass dein Traum nur auf diesem Weg wahr werden kann. Du denkst über dein Buch nach, arbeitest tagein, tagaus daran und träumst davon, dass es ein großer Renner wird. Schließlich verlierst du dein eigentliches Ziel – Fülle und Reichtum – aus dem Blick und beschäftigst dich nur noch mit deinem Bestseller. Und schon bist du vom Weg zu deinem ursprünglichen Endergebnis abgekommen. Du fühlst dich von der Anforderung, einen Bestseller schreiben zu müssen, überfordert. Doch du erinnerst dich an die Frage: »Wie kannst du wissen, dass es nicht funktioniert, wenn du nicht schon aufgegeben hast?«, und stürzt dich wieder auf dein Projekt. Du schwörst, dass du auf keinen Fall aufgibst, bis dein Buch in jeder Fernseh-Talkshow besprochen wurde. Kapiert?

Gruß vom Universum

Wie kannst du wissen, dass etwas nicht funktioniert …
oder hast du etwa doch aufgegeben?
Aha!
Das Universum

PS: Es funktioniert; du kommst deinem Ziel näher; der Weg wird leichter; und in letzter Zeit siehst du wirklich großartig aus.

Wenn du deinen Beitrag leisten willst, das Universum in Schwung zu bringen und die Magie des Lebens anzuheuern, musst du – wie du weißt – dein Bestes geben, unter Einsatz dessen, was du hast, beginnend dort, wo du jetzt stehst. Ein einziges Buch zu schreiben und alles an diesem Werk festzumachen, wird der Sache nicht gerecht. In der vorgestellten Situation könntest du, ohne deiner Sache zu schaden, gefahrlos das Buch aufgeben, sobald es dir keinen Spaß mehr macht, und trotzdem weiter nach Fülle und Reichtum streben. Denn schließlich gibt es noch mehr Türen, an die du klopfen kannst, stimmt's?

* * *

Der morgige Tag hat seine eigenen Möglichkeiten im Gepäck. Die Gedanken, die du dir heute machst, bringen morgen neue Personen und Umstände hervor. Die Mittel, die sie zu ihrer Manifestation benötigen, treten gemeinsam mit ihnen in Erscheinung. Dein höheres Selbst, das Universum, weiß sehr wohl, welche Bedürfnisse du in Zukunft haben wirst, und es wird die Mittel zu ihrer Erfüllung für dich bereithalten. Sogar das örtliche Maklerbüro funktioniert auf dieser Basis. Du gehst nicht dann zur Bank, um dir Geld zu leihen, wenn du Geld hast, sondern wenn du es nicht hast. Die Bank geht davon aus, dass du in der Zukunft Geld verdienen wirst. Dieser Verdienst wird dir die Rückzahlung ermöglichen, und deshalb ist die Bank bereit, mit dir ein Risiko einzugehen. Bestimmt ist es dir möglich, das gleiche »Risiko« im Hinblick auf deine Träume einzugehen und dich dabei nicht auf einen bestimmten Arbeitgeber zu stützen, sondern auf das Universum und die Magie des Lebens. Vorausgesetzt, du erscheinst jeden Tag zum Dienst und bleibst erreichbar.

Zu handeln, ohne das Ergebnis deiner Anstrengung zu kennen, ähnelt dem Schritt ins Unbekannte oder ins Unsichtbare: Man muss darauf vertrauen, dass man mit den Füßen auf tragfähigen Boden gelangt.

Vertrauen

Zu den größten Herausforderungen des Lebens im Dschungel von Zeit und Raum gehört es, die Latenzzeit zu ertragen, die zwischen unseren Gedanken und einem sichtbaren Ergebnis liegt. Obwohl unsere Gedanken in Bruchteilen von

Sekunden wechseln können, liegen oft erstaunlich lange Zeitspannen zwischen ihnen und dem Eintreten der erwünschten Veränderungen. In der Wartezeit müssen wir also nicht nur an unseren Visionen festhalten, sondern außerdem genug Vertrauen aufbringen, um weiterhin unsere kleinen Babyschrittchen zu machen. Und dies, auch wenn der Schein uns suggeriert, dass es sich nicht lohnt. Genau das wird von uns verlangt. Mehr müssen wir nicht tun, wenn wir das Universum und die Magie des Lebens anmustern wollen.

Dieses alles entscheidende Vertrauen wird verstärkt und ermöglicht, wenn du begreifst, dass du dein Leben in einer magischen Welt führst, in einem liebenden Universum mit unumstößlichen Prinzipien. Dein Begreifen wiederum basiert auf der Erkenntnis, dass sich dein ganzes bisheriges Leben in diesem Rahmen entfaltet hat.

Als ich anfing, die »Montagmorgen-Motivations-Mails« zu versenden, hatte ich keine Ahnung, wie und ob sie mir jemals etwas einbringen würden. Aber ich hatte Freude an meinem Tun, weil es sich richtig anfühlte. Ich machte meine Betätigung nicht zum *Wie* meiner Traumerfüllung, sondern begriff sie als eine von vielen möglichen Türen, an die ich klopfen konnte. Ich vertraute darauf, dass für mich gesorgt war, wenn ich immer mit dem weitermachen würde, was sich für mich richtig anfühlte.

Zu handeln, ohne das Ergebnis deiner Anstrengung zu kennen, ähnelt dem Schritt ins Unbekannte oder ins Unsichtbare: Man muss darauf vertrauen, dass man mit den Füßen auf tragfähigen Boden gelangt. Doch weil du einen Traum hast und Schritte in Richtung deines Ziels machst, wird ganz sicher für dich gesorgt. Die Mittel beziehungsweise der tragfähige Boden werden da sein. Ohne entsprechende Schritte werden sie nicht da sein – ob mit oder ohne Traum. Das ist der Schlüssel. Wir müssen unseren Teil tun, den leichten Teil. Träumen und dann vor Ort sein – auch wenn der Schein vielleicht falsche Schlüsse nahelegt.

Diese Abfolge konnte ich bei meinen drei beruflichen Neuanfängen beobachten. Bei Price Waterhouse wusste ich nicht, wie ich überleben würde, doch weil ich visualisierte und vor Ort war, wurde ich plötzlich in ihre Steuerabteilung versetzt. Als wir unser T-Shirt-Geschäft aufzogen, hatten wir von Tuten und Blasen keine Ahnung. Doch indem wir unseren Traum aufrechterhielten und beharrlich zum Dienst antraten, bescherte uns jeder Tag neue Antworten, auch dann, wenn am Vortag alles ziemlich düster ausgesehen hatte. Und heute schreibe ich jeden Tag meine *Grüße vom Universum.* Ich male mir aus, dass ich gut schreibe und dass meine Arbeit mich beglückt, und dann lege ich einfach los, ohne zu wissen, worüber ich schreiben oder wie ich mein Ziel erreichen werde. Immer bin ich mir darüber im Klaren, dass ich gar nichts erreichen kann, wenn ich nicht erst einmal *anfange* zu schreiben. Wir sind der Funke; das Universum liefert den Brennstoff für das Feuer.

Gruß vom Universum

Das Geheimnis der Wunder besteht darin, dass
diejenigen, die sie bewirken, einfach anfangen, ohne
auch nur zu ahnen, wie sie gelingen werden.
Dennoch beginnen sie.
Wenn du dich in Bewegung setzt, dann folge ich dir.
Das Universum

PS: Noch einmal: Aktiv sein ist die Rettung.

Beharrlichkeit

Es gibt einen Begriff, der alles umfasst, was ich zum Ausdruck bringen will – Beharrlichkeit. Vielleicht hört er sich nicht besonders spirituell an, doch für mich ist er es. Beharrlichkeit heißt: anfangen und nicht mehr aufhören. Es bedeutet, dranbleiben, bis das Ziel erreicht ist. Beharren ist spirituell, denn wenn du das Universum anheuern willst, dann obliegt es dir, dein Bestes zu geben, unter Einsatz dessen, was du hast, beginnend dort, wo du jetzt stehst. Und dazu gehört ohne Frage: dranbleiben, auf Kurs bleiben! Das ist Beharrlichkeit. Du beharrst darauf, dass das Universum dir entgegenkommt. Du rollst deine Segel aus und beharrst darauf, dass die Winde des Universums sie füllen. Du machst dir die Magie des Lebens zunutze. Es hat wenig Sinn, einen Blitzableiter auf deinem Dach zu montieren und ihn dann mitten im Gewitter abzubauen und zu behaupten, er funktioniere nicht. Du musst den Blitzableiter auf dem Dach lassen. Genauso ist es, wenn wir die Magie des Lebens vor unseren Karren spannen wollen. Wir müssen weitermachen. Du musst da draußen auf dem Dach wie der Blitzableiter die Stellung halten. Du musst dich für das Universum in Bereitschaft halten, weil du nie weißt, wie nahe du deinem Ziel schon bist.

Sei beharrlich. Warum auch nicht? Du kommst deinem Ziel *wirklich* mit jedem Tag näher. Und wenn Beharrlichkeit deine Prämisse ist, dann wird alles leichter und du näherst dich deinem Ziel. Die magische Manifestation eines Traumes beginnt mit Beharrlichkeit.

Als wir noch mit T-Shirts handelten, da hatten wir uns nach ein paar Jahren einen Namen gemacht. Ich erinnere mich gut an die Kommentare von Bekannten im Umfeld der Handelsmesse: »Gratuliere! Entgegen aller Wahrscheinlichkeit habt ihr es geschafft, die ersten Jahre zu überstehen! Wie habt ihr das angestellt? Was ist euer Geheimnis?« Und ich erinnere mich an die verblüffend einfache Antwort, die meine Mutter für uns auf diese Frage aus dem Ärmel zog: »Wir haben einfach nicht aufgegeben, als alle anderen es getan haben.« Sie hatte recht. Wir sind drangeblieben, als viele andere das Handtuch warfen. Selbstverständlich haben wir visualisiert und uns an all das andere gehalten, worüber ich hier schreibe, aber außerdem waren wir beharrlich. Es überraschte uns zu erfahren, dass einige derjenigen, die aufgegeben hatten, über bessere Marketingleute, Messestände, Werbekampagnen und über bessere Außendienstmitarbeiter verfügten als wir. Dennoch hatten sie während der mageren Jahre aufgegeben.

Sei beharrlich. Warum auch nicht? Du kommst deinem Ziel *wirklich* mit jedem Tag näher. Und wenn Beharrlichkeit deine Prämisse ist, dann wird alles leichter und du näherst dich deinem Ziel. Die magische Manifestation eines Traumes beginnt mit Beharrlichkeit.

Gruß vom Universum

Stell dir, wenn du willst, eine erleuchtete Seele vor. Fällt dir vielleicht Kwai Chang Caine aus der Fernsehserie Kung Fu ein? Jedenfalls ein sympathischer Typ, der sogar meditiert und so.
Nun stell dir Folgendes vor: ein Lebewesen, das so lebendig ist, dass seine Schwingungen alle seine Sinne schärfen, dass seine Energie mühelos Umstände herbeiführt, Freunde versammelt und Mauern einreißt. Es ist wie ein Kind auf dem Spielplatz, das sich streckt, ausprobiert und all seine Fähigkeiten neu entdeckt. Dieses Lebewesen kann gar nicht verhindern, dass es sich in das Abenteuer des Lebens verliebt. Es hat einfach den Wunsch, sich an jedem Spiel zu beteiligen. Jeden Morgen springt es aus dem Bett und begrüßt den Tag. Es steckt die Zehen in jede Pfütze, in jeden Bach und ins Meer, einfach, weil es das kann. Dieses Lebewesen begreift die Macht der Gedanken und segelt hinaus in die Welt, um sich ihre Magie zunutze zu machen. Es dreht jeden Stein um und klopft an jede Tür, um die rasche Manifestation seiner Träume zu ermöglichen. Sicherlich, du kannst mehr erreichen und mehr haben, sobald du erleuchtet bist. Doch was, wenn du erkennst, dass die Welt sich in deiner Hand dreht, dass deine Gedanken zu den Dingen und Ereignissen deines Lebens werden und dass es wirklich und wahrhaftig nichts gibt, was du nicht tun, sein oder haben kannst? Wer würde sich da mit weniger zufriedengeben wollen?
Leg los, Heuschrecke!
Das Universum

PS: Ich weiß! Wie wäre es mit einer Reality-Serie im Fernsehen mit dem Ziel, das Image der Erleuchtung zu verbessern? Titel: Gott ist ausgeflippt.

Beharrlichkeit ermöglicht es der Magie des Lebens, sich durch einen evolutionären Prozess zu entfalten. Es gibt Türen, die du dir heute noch gar nicht vorstellen kannst, an die du aber irgendwann in der Zukunft klopfen wirst. Sie zeigen sich erst im Verlauf deiner Reise, vorausgesetzt, du stichst in See! Die Reise beginnt nur dann, wenn du das tust, was du heute tun kannst – wie bescheiden es auch sein mag. Obwohl du das Gute, das vor dir liegt, noch gar nicht siehst.

Beispielsweise hatte der TUT-Abenteurer-Club bei seiner Gründung noch keinerlei Form, auch wenn sich der Name für mich damals so anhörte, als könnte ich damit Spaß haben. Er war einfach nur eine vage Idee ohne Hand und Fuß. Ich konnte *unmöglich* wissen, wohin er mich führen und was alles daraus entstehen würde; ich erkannte lediglich den Kurs unmittelbar vor mir. Erst als ich mich auf diesen Kurs begab, konnte er sich vor mir entwickeln und mich in immer größere Höhen führen. Und damit gestattete er mir einen immer besseren Überblick und bot mir Möglichkeiten, die bei meinem Aufbruch noch gar nicht vorhanden gewesen waren. Wie du ja bereits weißt, dauerte es sehr lange, bis sich die Mails meiner Website in die *Grüße aus dem Universum* verwandelten, die noch heute ihr Herzblut sind.

Ich kann mir nur schwer vorstellen, dass die *Grüße* entstanden wären, wenn ich damals nicht das getan hätte, wozu ich fähig war, eben die »Montagmorgen-Motivations-Mails« zu schreiben. Hätte ich nicht gehandelt, sondern einfach nur dagesessen und darauf gewartet, dass mir irgendetwas einfällt, ich hätte diese gute Idee bestimmt nicht gehabt. Ja, hätte ich nicht zunächst Erfahrungen mit den Montags-Mails und dann mit den »Silberkugeln« gemacht, vermutlich wäre es mir arrogant und überheblich vorgekommen, aus der Perspektive des Universums zu schreiben – wenn ich diesen genialen Einfall überhaupt gehabt hätte. Bestimmt hätte ich nicht erkannt, wie das mit dem Humor funktioniert, und ich hätte auch nicht meine Abonnenten gehabt, um die *Grüße* an ihnen zu testen. Doch weil ich vertrauensvoll und beharrlich lossegelte, ohne das Ergebnis zu kennen, rief ich die erforderlichen Mittel und Einfälle herbei, und meine Reise konnte sich wunschgemäß entwickeln.

Alle wahr gewordenen Träume haben diesen evolutionären Prozess gemeinsam, der nur einsetzen kann, wenn du anfängst, ohne dein Ziel genau zu kennen. Auf diese Weise haben sich auch *deine* bisherigen Träume manifestiert, und so wird es auch mit deinen zukünftigen sein. Lass dich nicht entmutigen, wenn es dir unzureichend erscheint, mit dem zu beginnen, was du jetzt hast, dort, wo du jetzt stehst. Das ist ganz normal und zugleich vollkommen unwichtig! Genau deshalb musst du jetzt vertrauensvoll deinen Anfang wagen und beharrlich dranbleiben, damit sich die Bühne und deine Möglichkeiten entwickeln und zeigen können, während du auf deinem Kurs vorwärtsstrebst.

Gruß vom Universum

»Der evolutionäre Prozess eines Traums«
Der Traum setzt sich im Gehirn fest.
Der Träumende lässt sich begeistern.
Der Träumende lässt sich Angst einjagen.
Wird der Träumende nicht aktiv, dann verwandeln sich die angsteinflößenden Gedanken in fleischfressende Monster. Der Traum wird als unrealistisch eingeschätzt. Sobald der Träumende zu handeln beginnt, offenbart sich die Angst als Papiertiger. Das Selbstbewusstsein wächst, Wunder geschehen, und der Träumende segelt fröhlich drauflos.
Jedenfalls bleibt nichts, wie es war.
Irre!
Das Universum

PS: Wie sehr Handeln das Leben verändert, ist nur schwer zu erfassen. Gleiches gilt natürlich auch für Nichthandeln.

Du kannst nicht wissen, wie nahe du deinem Ziel schon bist

Eine andere Lektion, die ich im Zusammenhang mit Beharrlichkeit gelernt habe, beinhaltet die Erkenntnis, dass man nie weiß, wie nahe man der Erfüllung des eigenen Traums ist, bis lange nach seiner Manifestation. Das ist unheimlich, weil es bedeutet, dass du, ohne es zu ahnen, vielleicht schon ganz, ganz dicht davorstehst. Und womöglich ziehst du den Schluss, es würde nicht funktionieren, und gibst auf – selbst dann, wenn du möglicherweise den Wendepunkt zum unvermeidlichen Erfolg bereits erreicht hast.

Als unser T-Shirt-Versand seinen zweiten Geburtstag hatte, waren unsere Einkünfte noch immer mager. In zwei Jahren hatte ich lediglich 12 500 Dollar verdient. Ich kann mich gut daran erinnern, dass ich, als ich eines Tages über den Parkplatz eines Einkaufszentrums ging, bei mir dachte: »Wenn die Dinge nicht bald besser werden, dann schmeiße ich es hin! Dann gebe ich auf.« Ja, du hast recht, ein Beispiel für sehr negatives Denken. Dennoch tat ich noch immer all die anderen positiven Dinge, die das Leben funktionieren lassen. Außerdem habe ich ja auch gar nicht aufgegeben.

Als das dritte Jahr zu Ende ging, stand uns endlich eine eigene Lagerhalle zur Verfügung. Ich hatte ein Büro, wohin ich jeden Tag ging, und musste nicht mehr von zu Hause aus arbeiten. Wir kletterten im Messezirkus immer weiter nach oben, unsere Verkäufe nahmen zu, und unsere Außendienstmitarbeiter kehrten mit großen Aufträgen von großen Kunden zurück. Ich hatte einen Wahnsinnsspaß. Ich weiß noch, dass ich morgens aus dem Bett kletterte, um mich auf den Weg in das »Welthauptquartier« zu machen, und dachte: *Das ist es! Ich liebe meine Arbeit! Ich kann es kaum erwarten, ins Büro zu kommen!* Im gleichen Augenblick fiel mir die Situation auf dem Supermarktparkplatz aus dem zurückliegenden Jahr ein. *Unglaublich!* Es gelang mir kaum, meine gegenwärtige Situation mit der damaligen unter einen Hut zu bringen. Ich musste mich regelrecht zu dem Eingeständnis zwingen, dass seither nur zwölf Monate vergangen waren, denn inzwischen schien mir all unser Ringen ganz furchtbar lange her. Unangenehme Erinnerungen verblassen rasch, insbesondere dann, wenn dein Leben sich gerade mit Lichtgeschwindigkeit bewegt.

Es ist möglich, dass du gerade jetzt den Wendepunkt vor der Erfüllung deines Traums erreicht hast und dass der Erfolg nun unvermeidlich bevorsteht – doch das durchschaut man eben erst im Rückblick, irgendwann, nachdem das ganze Elend vorbei ist.

Genauso verhielt es sich zwischen dem zweiten und dritten Jahr, als ich mit Schreiben und dem Halten von Vorträgen meinen Lebensunterhalt zu verdienen versuchte. Gerade hatte ich mich noch bei meiner Mutter darüber beklagt, dass mein Leben einfach nicht in Gang kam und dass mir alles zu lange dauerte. Und im nächsten Augenblick befand ich mich auf Welttournee, hielt Vorträge für fünftausend Dollar die Stunde und beantwortete einem Freund genau die Frage, die ich erst vor einem Jahr meiner Mutter gestellt hatte. Seine Klagen waren mir nur allzu vertraut. Doch die Erkenntnis, dass sie eben noch meine eigenen gewesen waren und dass sich mein Los so rasch gewendet hatte, traf mich wie ein Schlag. Merkwürdigerweise hatte ich außerdem erst im Rückblick erkannt, dass sich mein Leben irgendwann im Verlauf der letzten zwölf Monate tiefgreifend verändert haben musste. Hätte man mich *während* der Übergangszeit gefragt, wäre mir nur in den Sinn gekommen, wie schwierig alles war und wie sehr mich der ausbleibende Fortschritt frustrierte. Dennoch war ich zum Zeitpunkt meines Jammerns meinem »Durchbruch« schon unvorstellbar nahe! Der Wendepunkt war erreicht, Erfolg war unvermeidlich! Aber an welchem Tag in diesen zwölf Monaten war ich auf die Straße des Erfolges gelangt?

In dieser ganzen Zeit der Transformation gab es nicht diesen einen Abend, an dem ich meinen Kopf auf das Kopfkissen legte mit dem Gedanken: »Wenn die Dinge nicht bald besser werden, dann schmeiße ich hin!« Und dann diesen einen Morgen, an dem ich mit dem Wissen erwachte, es geschafft zu haben. Anders ausgedrückt, selbst als mein Schiff schon in den Hafen einlief, konnte ich es noch immer nicht erkennen! Keinen Augenblick lang war ich mir darüber im Klaren, wie kurz die Verwirklichung meiner kühnsten Träume bevorstand. Wäre ich nicht beharrlich dabeigeblieben, und hätte ich der evolutionären Magie des Universums nicht gestattet, alles um mich her zu verwandeln, dann wäre es nie dazu gekommen. Als hätte ich in jenen Monaten eine unsichtbare Linie überschritten und als habe mein Leben sich von Schinderei in Gleitflug verwandelt. Doch hätte ich nach dieser Linie Ausschau gehalten, ich hätte sie niemals gefunden. Und wäre ich nicht allem Anschein zum Trotz immer dabeigeblieben, ich hätte womöglich vor der Zeit aufgegeben. Das Risiko war jedenfalls groß.

Du kannst *unmöglich* wissen, wie weit du auf der von deinem Traum inspirierten Reise vorangekommen bist. Unmöglich. Sich damit zu beschäftigen ist nicht besser, als mit dem *verflixten Wie* herumzupfuschen. Lass die Finger davon. Es ist möglich, dass du gerade jetzt den Wendepunkt vor der Erfüllung deines Traums erreicht hast und dass der Erfolg nun unvermeidlich bevorsteht – doch das durchschaut man eben erst im Rückblick, irgendwann, nachdem das ganze Elend vorbei ist.

Sei freundlich zu dir

Beharrlichkeit ist wichtig, aber du musst auch freundlich zu dir sein. Weil wir ungeduldig sind, kann es sein, dass wir uns verurteilen und beschimpfen mit Sätzen wie: »Es klappt bei jedem, nur du kommst nicht klar«, oder: »Ich stehe mir selbst im Weg«, oder: »Ich bin ein dämlicher Negativling.«

Solche Selbstbezichtigungen führen letztlich nur dazu, dass wir unseren Traum aufgeben und die Flagge streichen. Sei liebevoll mit dir. Wir leben nun einmal in spirituell unterentwickelten Zeiten. In vielerlei Hinsicht verstößt man gegen alles, was man in seinem bisherigen Leben über Veränderung gelernt hat, wenn man die Wahrheit für sich annimmt. Sei geduldig mit dir. Freu dich an deiner Reise. Würdige all das Wunderbare, das du bereits in dir trägst und das du bereits erlebt hast. Und sorg dafür, dass du deine bisherigen Leistungen zu schätzen weißt. Veränderung ist eine Option. Wenn du darauf aus bist, deine spirituellen Muskeln zu trainieren, dann geh es langsam an. Sei behutsam. Experimentiere. Sei spielerisch. Begegne dir mit Liebe.

Ich habe dich aus gutem Grund teilhaben lassen an meinen tiefsten Ängsten, meinen geleisteten oder nicht geleisteten Vertrauensvorschüssen, an meinen Zweifeln, Fortschritten und meinem immer wieder erwogenen Aufgeben. Ich will dir nämlich zeigen, dass alles, was ich hier vorschlage, auch dann noch funktioniert, wenn man negativ, ängstlich und voller einschränkender Gedanken ist. Veränderungen zu bewirken ist einfach, jedenfalls viel einfacher, als uns die Vertreter der alten Schule glauben machen wollen. Du bist ein geliebtes Lichtwesen, das Führung erhält und jeden Tag neu ermuntert wird, wahre Größe zu zeigen. Gib einfach nur dein Bestes, unter Einsatz dessen, was du hast, beginnend dort, wo du jetzt stehst. Und trotz deiner Ängste, deiner negativen Einstellungen und der vermeintlich ungünstigen Bedingungen. Eine neue Welt wird entstehen – wie im Himmel, so auf Erden. Dein Wille geschehe.

Mehr über das Glück

Es ist, als wäre in uns allen eine kleine, unsichtbare »Glücksphiole« vorhanden. Jeder von uns wird mit dieser Glücksphiole geboren, die bis zum Rand gefüllt ist. Ganz gleich, was dir in deinem Leben zustößt, welche Tragödie dir widerfährt, welche Triumphe oder Herrlichkeiten du erlebst: Du wirst niemals auch nur einen zusätzlichen Tropfen dieser »Glücksflüssigkeit« für deine Phiole erhalten. Und niemals kann dir irgendeine Menge von ihr fortgenommen werden. Sie ist eine Konstante. So war es immer, und so wird es immer sein. Wenn wir jedoch von unserer Glücksphiole profitieren wollen, dann müssen wir uns aktiv dafür entscheiden, sie zu nutzen, und uns selbst eine entsprechende Genehmigung erteilen.

Echtes Glück ist nicht von den Ereignissen und Personen abhängig, die dir in deinem Leben begegnen. Glück ist ein Seelenzustand. Glück ist die Wertschätzung deines Lebens und deiner selbst. Selbst wenn du gerade im Gefängnis sitzt oder unter einer schrecklichen Krankheit leidest oder dein Herz gebrochen ist oder du pleite bist – dennoch kannst du jetzt glücklich sein. Wenn du meinst, dein Glück sei abhängig von Erfolg oder einer neuen Liebe oder besseren Freunden, dann begibst du dich in einen Kreislauf, der nie endet. Dann wirst du immer nach mehr Ausschau halten und es dir unablässig versagen, glücklich mit dem zu sein, was du hast.

Echtes Glück ist nicht von den Ereignissen und Personen abhängig, die dir in deinem Leben begegnen.

Stell dir ein junges Paar vor, das soeben seine Ausbildung abgeschlossen hat. Wonach sehnen sie sich wohl vor allem? Nach einem gemeinsamen Zuhause. Sie wären mit nahezu allem zufrieden, selbst der kleinsten Wohnung, wenn sie nur zusammen sein können. Sobald sie zusammengezogen sind, ist eine Zeitlang alles wunderbar, vielleicht ein, zwei Jahre lang. Und was wollen sie dann? Ein kleines Haus. Danach sehnen sie sich mehr als nach allem anderen auf der Welt. Wenn sie das haben, können sie glücklich sein. Sobald sie ihr kleines Häuschen haben, ist ein, zwei Jahre alles in bester Ordnung – bis die Kinder kommen. Was wünschen sie sich dann? Ein größeres Haus. Danach brauchen sie ein Haus mit einem Swimmingpool. Dann ein zweites Haus. Es hört nie auf. Dieses nie endende Bedürfnis nach immer noch mehr hört nie auf! Es ist beängstigend! Es sei denn, du machst dein Glück an jeder noch so kleinen Eroberung fest.

Unsere Sehnsüchte sind Geschenke des Universums, die uns den Grund liefern, jeden Morgen aufzustehen. Unsere Sehnsüchte müssen Beachtung finden. Sie sind ebenso einzigartig wie unsere Vorlieben. Sie schenken uns Richtung und Motivation. Die kleine Geschichte von dem jungen Paar will nicht vermitteln, dass es schlecht ist, Wünsche zu haben. Sie will daran erinnern, dass unsere Wünsche nie aufhören! Es ist ein Wesenszug der Unsterblichen, dass sie immerfort wachsen wollen, neue Abenteuer suchen und größer werden wollen. Mit anderen Worten – und das musst du dir sorgfältig merken –, da du selbst ein unsterbliches Lichtwesen bist, wird es auch für dich immer irgendwelche Dinge geben, die du dir wünschst, weil du sie noch nicht hast. So bist du nun mal.

Damit will ich nicht sagen, dass du die Dinge, die du dir heute wünschst, nicht erhältst. Doch dir wird immer wieder ein neuer Wunsch einfallen! Es ist dir bestimmt, dich auf göttliche Weise unvollständig zu fühlen. Das ist es, was uns weitermachen lässt und vorantreibt. Auf diese Weise müssen wir uns nie langweilen. Das Tor zum Glück liegt in der Erkenntnis, dass du dich immer nach irgendwelchen »Dingen« sehnen wirst, die du noch nicht hast. Und dass du trotzdem bereits glücklich sein kannst, während du dich noch streckst, dich bemühst und nach mehr verlangst bei deinem ewig erfolglosen Versuch, vollständig zu werden.

Gruß vom Universum

Ich sage dir: Wenn du es schon jetzt schaffst, glücklich zu sein, trotz all der Probleme, Herausforderungen und äußeren Umstände, die dich scheinbar zum Narren halten, dann kümmere ich mich für dich um diese Probleme, Herausforderungen und äußeren Umstände und noch dazu um alles, was dann noch kommt.
Sei so gut, mach deine Rechenaufgaben, lass dich ködern und schau auf keinen Fall zurück.
Waidmannsheil!
Das Universum

PS: Ich kann es förmlich hören: »Jungengel und Anfängerabenteurer, stellt euer Gerät an und genießt die nächste Folge von Das wunderbare Leben des … *(ergänze deinen Namen!), gefolgt von* Es ist großartig, … *(auch hier dein Name!)* zu sein!«

Es gibt keinen plausiblen Grund dafür, das Glücklichsein immer weiter aufzuschieben. Suche dein Glück *jetzt* und nutze deine »Glücksphiole« – sie steht dir dein Leben lang zur Verfügung. Vielleicht ist dies das wichtigste Geheimnis, an dem ich dich in diesem Buch teilhaben lasse. Aber wahrscheinlich denkst du bei dir: »Okay, lass mich nur eben schnell noch meine Schulden bezahlen, und dann bin ich glücklich; einen Auftrag an Land ziehen, und dann bin ich glücklich; mein Buch fertig schreiben, und dann …« *Tu dir das nicht an!*

Du wirst mit immer neuen Wünschen gesegnet und daher auch mit immer neuen Herausforderungen, für alle Zeiten. (Hast du es denn noch nicht bemerkt? Die beiden sind untrennbar miteinander verbunden!) Mach dir diese Zusammenhänge bewusst und lerne, deine Reise trotzdem zu genießen. So verbesserst du den gesamten Manifestationsprozess. Besorgnis und Unzufriedenheit erledigen sich dann von selbst. Du wirst entspannter sein. Du wirst begreifen, dass das Ziel nur die Aufgabe hat, die Reise zu ermöglichen, und dass es natürlich um die Reise geht. Aus diesem Grund wünschen wir uns Dinge, und diese Sehnsucht ist es letztlich, die dem Gefühl der Unvollständigkeit Sinn und Schönheit verleiht.

Nicht mehr aufzuhalten

Jeder physische Schritt auf einer Reise, die der Verwandlung eines Traums in Wirklichkeit dient, beschwört Magie herauf. Insbesondere der erste. Fang an. Leg los. Der erste Schritt fällt uns immer am schwersten, doch sobald er getan ist, fallen uns alle folgenden viel leichter. Überliste dich, wenn es sein muss. Gib dir das Versprechen, dass du dir, sobald der erste Schritt getan ist, ein wenig freigibst. Es kommt nicht darauf an, ob du heute schon den zweiten Schritt tust. Es kommt nur darauf an, dass du heute anfängst. Morgen kannst du fernsehen, zelten gehen oder morgens ausschlafen.

Spitz deinen Bleistift an. Mehr musst du nicht tun. Fahr zu der Firma, bei der du arbeiten möchtest, und stell dich dort auf den Parkplatz. Du musst nicht einmal aus dem Auto aussteigen. Lass die Einladungskarten drucken, bereite den Stapellauf deiner Idee vor, tritt dem Club bei, eröffne ein Konto, leg den Preis fest, öffne das Buch, ruf den Makler an, hol Angebote ein, bestell die Lieferung, bitte um Unterstützung, entwirf das Layout, fordere dich heraus – und ich gehe jede Wette ein, dass du schon morgen nicht mehr aufzuhalten bist.

Zusammenfassung

- Warte mit dem Anfangen nicht darauf, dass sich deine Entenküken in Reih und Glied aufgestellt haben. Fang erst einmal an und beobachte dann, wie sie dir eifrig folgen.
- Anfangen heißt nicht, anfangen und dann stehen bleiben. Einen Anfang machen bedeutet, loslegen und dranbleiben – jeden Tag aufs Neue.
- Der morgige Tag bringt seine eigenen neuen Möglichkeiten mit sich.
- Am Ende wird alles gut. Wenn es so aussieht, als würde nicht alles gut, dann ist das Ende noch nicht erreicht.
- Vertrauen, verstärkt durch Verstehen und Erfahrung, wird dir helfen, eine Brücke von der Gegenwart in die erträumte Zukunft zu schlagen.
- Beharrlichkeit gehört dazu, wenn man sein Bestes gibt, unter Einsatz dessen, was man hat, beginnend dort, wo man jetzt gerade steht. Sie gestattet es der Magie des Lebens, sich in einem evolutionären Prozess zu entfalten.
- Du kannst unmöglich wissen, wie dicht du vor der Verwirklichung deines Traums stehst! Deshalb gehst du am besten davon aus, dass du ihr sehr, sehr nahe bist!
- Ganz egal, wie dir die materielle Welt gerade vorkommt, es ist möglich, dass du den Wendepunkt, der deinem unabwendbaren Erfolg vorausgeht, bereits erreicht hast.

- Sei liebevoll und geduldig mit dir. Du hast dich auf das größte Abenteuer eingelassen, das jemals von göttlicher Intelligenz ersonnen wurde, und du bist in eine Zeit hineingeboren, die in spiritueller Hinsicht noch sehr viel nachzuholen hat. Mit scheinbaren Rückschlägen und finsteren Tagen musst du rechnen, aber sie bedeuten nicht, dass mit dir etwas nicht stimmt.
- Wahres Glück hängt nicht von den Ereignissen und Personen in deinem Leben ab. Du bist glücklich, wenn du dir gestattest, glücklich zu sein, auch wenn noch nicht alle deine Wünsche erfüllt sind.

Anregende Übungen

Was schon einmal geglückt ist, wird wieder glücken

Wie oft in deinem Leben hast du schon ein Ziel verfolgt, ohne zu wissen, ob du es erreichen würdest, und doch ist es dir geglückt? Ging es dabei darum, einen Partner zu finden, den ersten Job zu ergattern, eine Ausbildung oder einen Beruf zu wählen? Mach, wenn du willst, zu den nachfolgenden Punkten in zwei Spalten Angaben:

1. Einer deiner früheren Träume oder Wünsche, den du verwirklicht hast.

2. Wie er sich verwirklicht hat – die Magie, Überraschungen, Inspirationen, Ideen und Verbindungen, die sich erst offenbarten, nachdem du einen Anfang gemacht hattest.

Sobald du diese Dokumentation deines Erfolges abgeschlossen hast, nutze sie, um in dir Vertrauen und Selbstbewusstsein zu wecken, die du brauchst, um dein neues Projekt in Angriff zu nehmen und dranzubleiben, auch wenn du das Endergebnis noch nicht kennst.

Auf geht's!

Womit könntest du loslegen und woran dranbleiben? In welchem Bereich deines Lebens hast du bisher darauf gewartet, dass sich die Entenküken erst in einer Reihe aufstellen? In welchem Bereich würdest du sofort anfangen, wenn du dir deines Erfolges sicher sein könntest? Wähle aus den nachfolgenden Kategorien aus:

- Arbeit und Beruf
- Beziehungen
- Wohnung
- Gesellschaftliches Leben
- Gesundheit und Aussehen

Wenn du dich daranmachst, diese Frage zu beantworten, dann beziehe dich auch auf die Antworten, die du im zweiten Kapitel gegeben hast: die Bereiche, in denen du etwas tust, weil du meinst, es tun zu »müssen«, obwohl du dich eigentlich in eine andere Richtung gezogen fühlst.

Ja, es ist so weit. Wie wäre es mit heute?

SIEBTER SCHRITT:
Den Kurs halten

Wenn du alles, was wir bisher besprochen haben, beachtest, dann hältst du den Kurs normalerweise automatisch. Da wir uns jedoch oft in größerem Maße entwickeln, als wir uns bewusst machen, hinken wir mit unserer Lebensweise gelegentlich hinterher. Folglich ist es gut, den Kurs regelmäßig zu überprüfen, wie jeder gute Kapitän es tun würde. Diesen letzten Abschnitt des Buches präsentiere ich in einer Frage-Antwort-Form. Es scheint mir nämlich sinnvoll zu zeigen, wie es aussieht, wenn man vom Kurs abgekommen ist und eine Neuorientierung benötigt.

Dieses Kapitel dient nicht dem Zweck, alles bisher Gesagte noch einmal durchzuhecheln. Die Fragen ergeben sich nicht aus einer mangelnden Auseinandersetzung mit meinen Lektionen, sondern aus einem Mangel an Umsetzung oder Aufrichtigkeit oder aus der aufrichtigen Unfähigkeit, das Offensichtliche zu sehen. Es gibt also keinen schwunghaften letzten Durchgang durch alles bisher Gesagte durch die rosarote Brille. Stattdessen gehe ich ohne Umwege auf die Probleme ein, die die Fragesteller mir präsentieren, und biete handfeste Hilfestellungen.

Bitte denk dabei jedoch immer daran: Vom Kurs abkommen muss nicht heißen, dass irgendetwas mit dir nicht stimmt. Zieh beim Lesen dieser Texte bitte auch keine voreiligen Schlüsse in der Art: »Oh, ich glaube, ich habe mit der gleichen Herausforderung zu kämpfen!« Meine Antworten sollen lediglich dein Bewusstsein für die Seinswahrheiten vergrößern und dich zu der Überzeugung ermutigen, dass es ein Leichtes ist, das Universum und die Magie des Lebens anzumustern.

Du trägst als Manifestierer bereits den schwarzen Gürtel! Als Schöpfer bist du eine Naturbegabung! Das Abschlusskapitel will dir helfen, noch einmal deine Prioritäten zu überprüfen, zu erkennen, was sich an Neuem an deinem Horizont zeigt, deinen Einblick in die Wahrheit zu vertiefen, weitere Babyschrittchen zu riskieren und die Feinjustierung der »Maschinerie« mit deinen Gedanken, Worten und Taten zu optimieren.

Klarheit

Mike, du redest viel von dem verflixten Wie und von Endergebnissen, doch für mich ist die Grenze zwischen beiden unklar, und das ist nicht gut, wenn man das eine meiden und sich das andere zu eigen machen soll. Was rätst du mir?

Du benötigst Klarheit, um diese beiden Rivalen zu verstehen und um das anzupeilen, was du wirklich willst. Der Trick besteht darin, die Endergebnisse allgemein zu halten. Nur auf den ersten Blick steht dies im Widerspruch zu der Aufforderung, mit vielen Details zu visualisieren.

In der *Matrix der Wunscherfüllung* gehe ich auf dieses Thema in allen Einzelheiten ein, doch im Prinzip ist die Idee einfach: Es läuft alles auf einen Wettstreit zwischen den Vorstellungen hinaus, auf die du beharrst und die du als unverzichtbar empfindest, und jenen, die der Magie des Lebens genug Raum lassen, um dich in Erstaunen zu versetzen.

Beharre zum Beispiel ganz allgemein auf wunderbaren Freunden und Fröhlichkeit, auf phantastischer Gesundheit und Harmonie, auf himmlischem Reichtum und grenzenloser Fülle. Aber bestehe weder auf den Einzelheiten der Endergebnisse noch auf den Details des Manifestierungsprozesses. Wenn es jedoch um das Visualisieren geht, dann bring so viele Details ein wie möglich, spüre, wie dein Herzschlag sich beschleunigt, sieh die Farben, hör die Klänge, riech die Düfte – all das, jedoch ohne dich an bestimmten Einzelheiten festzuklammern. Mal dir ein Bild aus von dem roten Mercedes, dem Haus am Meer, wie du den Vorsitz deines Lieblingsvereins übernimmst. Doch sei zugleich flexibel und überlass es dem Universum und der Magie des Lebens, die Punkte miteinander zu verbinden und die Farben für dich zu wählen. Und vergiss nicht, Raum dafür zu lassen, dass alles sogar noch besser kommen könnte, als du es dir vorstellst.

Betrachte die Sache doch mal unter folgendem Gesichtspunkt: Was wäre dir wichtiger – ein roter Mercedes oder märchenhafter Reichtum? Keine Frage! Mit Reichtum kann man den Mercedes kaufen und noch vieles mehr. Der Mercedes allein bringt dir unterm Strich nicht viel ein, insbesondere dann, wenn du dich verschulden musst, um ihn zu besitzen. Mal dir den Mercedes aus als Symbol für deinen märchenhaften Reichtum. Binde dich jedoch nur an den Reichtum und bleib offen dafür, dass das richtige Auto zum richtigen Zeitpunkt kommen wird. Vielleicht ist es ein Mercedes, vielleicht aber auch ein besseres Fahrzeug.

Klarheit ist leicht zu erreichen, wenn wir unsere Ziele auf einige wenige, umfassende Visionen begrenzen.

Das *Wie* kann man sich auf die gleiche Weise ausmalen, ohne sich daran festzuklammern. Nur zu: Stell dir vor, wie du das ersehnte Geschäft abschließt, wie dein Lieblingsprojekt abhebt, wie du deine Rede ohne einen einzigen Hänger hältst oder wie deine Aktien in die Höhe schnellen. Binde dich an das Allgemeine, an das umfassende Gesamtbild.

Klarheit ist leicht zu erreichen, wenn wir unsere Ziele auf einige wenige, umfassende Visionen begrenzen. Es ist fast unmöglich, Veränderungen zu bewirken, wenn wir uns auf spezifische Einzelheiten versteifen, denn unser persönlicher Geschmack, unsere Vorlieben und Umstände wandeln sich von einem Tag zum anderen. Gleiches gilt auch für die Fähigkeit des Universums, sich der wesentlichen Details anzunehmen – auf der Basis unserer anderen, sich ständig verlagernden Prioritäten und der fließenden Dynamik unserer veränderlichen Welt.

* * * Auszeit * * *

Das muss ich mir immer wieder sagen …

Weil es so unglaublich wichtig ist, dass du es verstehst, und weil es so leicht verwechselt werden kann: Achte darauf, dass du deine angestrebten Endergebnisse allgemein hältst. An sie musst du dich binden; nutze die Details und das *Wie* beim Visualisieren über das Allgemeinere, aber klammere dich nicht daran. Diese Abgeklärtheit gibt dem Universum den Spielraum, schneller zu arbeiten. Es wird dabei sogar noch besseres und erfüllenderes Drum und Dran für dich auftun und auf dem Weg zur Erfüllung deines Gesamtwunsches in dein Leben schubsen.

* * *

Mit dir selbst ehrlich sein

Ich erhalte viele Fragen, die auf Seiten der Fragenden ein gewisses Maß an Selbstbetrug offenbaren. Ohne es zu wissen, wählen sie Träume, in denen es darum geht, vor etwas davonzulaufen, etwas zu vermeiden oder zu verbergen. Viel mehr als darum, einen neuen Kurs einzuschlagen, sich einer Sache zu verschreiben oder zu lieben. Wäre ihnen dies bewusst, dann würde das ihre Perspektive radikal verändern und ihnen helfen, rascher voranzukommen und zufriedener in der Gegenwart zu leben.

Warum zum Beispiel glauben die meisten Menschen, dass sie in Wohlstand und Fülle leben möchten? Die meisten würden wohl antworten, dass es sie in ihrem Abenteuer voranbringen könnte. Doch nach meiner Erfahrung geht es häufig eher darum, sich vom Unglücklichsein und der Unzufriedenheit »freizukaufen«, auch wenn sie gar nicht wissen, was diese Gefühle in ihnen auslöst. Sie wollen sich von destruktiven Beziehungen befreien, den Beruf wechseln oder wünschen sich mehr Freunde – für sich genommen lauter vernünftige Wünsche. Doch weil sie sich nicht mit der Frage befassen, was ihre gegenwärtigen Herausforderungen verursacht hat, folgen ihnen ihre »Probleme«, unabhängig von den tatsächlichen Veränderungen. Folglich sind sie nicht nur stressgeplagt und ringen mit dem *verflixten Wie,* sie sind auch dann noch nicht glücklich, wenn sich ihr Traum von finanzieller Unabhängigkeit verwirklicht hat. Es ist die unerkannte zugrunde liegende Motivation und ihre unbeabsichtigte Unaufrichtigkeit sich selbst gegenüber, die sie stolpern lässt. Hierfür einige Beispiele.

Was ist falsch daran, einen Bestseller schreiben zu wollen?

Gar nichts! Das Problem entsteht dann, wenn der Grund für unseren Wunsch nicht übereinstimmt mit dem, was wir eigentlich wollen. Wer sich die obige Frage stellt, der sucht eigentlich finanzielle Unabhängigkeit, Anerkennung und/oder Bestätigung. Ihm oder ihr geht es nicht um das Schreiben, die Literatur oder um Buchverkäufe. Typischerweise haben solche Personen niemals zuvor auch nur eine Kurzgeschichte verfasst. Zum einen erkennen sie also nicht, dass sie mit dem Wunsch, einen Bestseller zu schreiben, nur einem *verflixten Wie* hinterherjagen, das sie zu einem uneingestandenen Endergebnis führen soll. Zum anderen übersehen sie, dass sie eigentlich nur einen Weg suchen, um die Leere in ihrem Leben zu füllen. Könnten sie dies erkennen, dann wäre es ihnen möglich, neue Fragen zu stellen und zu überprüfen, warum sie ein Bedürfnis nach Anerkennung und Bestätigung haben. Sie würden auch ihre finanzielle Situation in einem neuen Licht sehen und sich fragen, wie sie ihre Prioritäten bisher gesetzt haben. Sie könnten sich auch fragen, warum sie glauben, mit dem Schreiben aus ihrer Flaute herauszukommen, und welche Möglichkeiten sie sonst noch haben, um das Universum und die Magie des Lebens auf eine Weise anzuheuern, die lohnender und für sie sinnvoller wäre.

Ich will doch nur geliebt werden. Ist das denn zu viel verlangt?

Natürlich nicht, wenn es das ist, was du wirklich willst. Doch wenn du dich eher nach der Zustimmung durch andere als nach ihrer Liebe sehnst, dann könnte es vielleicht daran liegen, dass du dich selbst bisher nicht akzeptiert hast. Es könnte sein, dass es dir in Beziehungen eigentlich nur darum geht, dich mit dir selbst gut zu fühlen. Ohne dass du deine Motivation durchschaust. Wenn das so ist, dann wird das Springen von einer Beziehung zur nächsten wenig erfreuliche Erfahrungen für dich bereithalten. Bei den meisten Menschen, die mir diese Frage stellen, spüre ich, dass sie vor sich selbst davonlaufen. Doch sie erklären sich ihren Wunsch nach Liebe mit ihrem Hang zur Romantik und betrügen sich dabei selbst, ohne es zu wollen.

Wirklich, ich will nur, dass meine Frau glücklich ist. Das ist es, was ich mir am meisten wünsche.
Wunderbar! Doch wenn du meinst, es sei dein Motiv, irgendjemanden glücklich zu machen, dann übersiehst du, dass du dir das Glück des anderen nur deshalb wünschst, damit *du selbst* glücklich sein kannst. Letztendlich werden wir alle motiviert durch unser Streben nach Glück, und so soll es sein. Aber wir können nur auf unser eigenes Glück Einfluss nehmen, nicht auf das eines anderen. Ob wir es uns nun eingestehen oder nicht, unser eigenes Glück abhängig zu machen von den Gedanken, Gefühlen und Stimmungen eines anderen, kann letztlich nicht funktionieren.

Ich will mich scheiden lassen. Bin ich deshalb ein schlechter Mensch?
Das nicht, aber geht es dir wirklich darum? Vielleicht ja. Aber ich lerne viele Scheidungswillige kennen, die sicher mit Recht behaupten, in ihrer Ehe nicht glücklich zu sein, die Ursache dafür jedoch allein bei ihrem Partner suchen. Für den Betrachter von außen sind die Hintergründe nicht immer so klar.

Es könnte sein, dass Scheidungswillige aufgrund von Hilflosigkeit, Angst oder beruflichem Stillstand bereits begonnen haben, sich innerlich aus ihrem sozialen Umfeld zurückzuziehen. Anfangs tritt vielleicht der erwünschte Effekt ein: Der Druck lässt nach. Doch mit der Zeit leiden sie unter ihrer Einkapselung und sie spüren, dass da etwas nicht stimmt. Wären sie aufrichtig mit sich, dann könnten sie sehr wohl erkennen, dass sie problematische Entscheidungen getroffen haben: Sie nehmen nicht mehr Teil am Tanz des Lebens, folgen ihren Träumen nicht, versuchen weder das Universum noch die Magie des Lebens anzuheuern. Und sie könnten erkennen, dass sie etwas verändern müssen. Statt jedoch nach innen zu blicken, suchen sie die

Verantwortung bei ihren Partnern, Jobs, Kindern oder Eltern. Nichts von alledem steht zwischen ihnen und den paar Träumen, die sie sich vielleicht noch zutrauen. Doch wenn all dies für die lähmende Ursache ihres Unglücks gehalten wird, steht es zwischen ihnen und möglichen Veränderungen. Wenn das Problem nicht hinterfragt und unter Kontrolle gebracht wird, kann es sich zu einer derartigen Panik auswachsen, dass diese Menschen sich veranlasst fühlen, die Kontrolle über ihr Leben zurückzuerlangen, indem sie an einer Stelle ansetzen, die gar nicht der Auslöser war.

Auch hier gilt: Selbst wenn es ihnen gelingt, solche Veränderungen zu erzwingen, das zugrundeliegende Problem bleibt bestehen. Vermutlich wird es auch weiterhin ihre Entwicklung behindern, denn im Inneren weigern sie sich noch immer, am Leben teilzunehmen.

Die Ad-hoc-Lösung besteht darin, sich selbst zu erforschen, auf der Wahrheit zu beharren und mit furchtloser Bereitwilligkeit im Inneren das zu sehen, womit wir uns bisher nicht beschäftigt haben. Wir müssen erkennen, was uns wirklich motiviert.

Gruß vom Universum

Die junge Seele lernt, hinsichtlich dem Wer, Was, Wann
und Wo mit anderen aufrichtig zu sein.
Die fortgeschrittene Seele lernt, mit sich selbst aufrichtig
zu sein. Und sie findet heraus, dass die »Perspektive«
alles beherrscht, jedoch rasch wechselt.
Die Meisterseele jedoch beschäftigt sich mit der
Aufrichtigkeit im Hinblick auf die Motivation, wo sich
die Lügen bisher wirklich angehäuft haben!

Was also willst du wirklich … *und warum?*
Petri Heil!
Das Universum

PS: Meister zu sein ist manchmal ganz schön anstrengend, was?

Ich hab's kapiert, Mike! Ich wollte inzwischen längst einen Job haben, aber das Universum hat ja wohl seine eigenen Zeitvorstellungen, und am Ende wird sich ja ohnehin alles zu meinem Besten entwickeln, nicht wahr?

So vielversprechende Worte hört man gerne, vor allem dann, wenn es sich nicht nur um Lippenbekenntnisse handelt und wenn diejenigen, die sie äußern, zahlreiche kleine Babyschrittchen in Richtung Erfüllung ihres Traums machen und dabei an alle Türen klopfen. Im Gegensatz zu denen, die von kreativer Erfüllung träumen, jedoch nichts dafür tun, als einmal im Monat bei einem Bewerbungsgespräch zu erscheinen und sich, wenn sie abgelehnt werden, denken: »Nicht schlimm. Liegt bestimmt daran, dass das Universum noch etwas Besseres für mich in petto hat.« Stimmt! Da draußen gibt es für jeden von uns immer etwas noch Besseres, vorausgesetzt, wir leisten unseren Beitrag. Das ist die Botschaft dieses Buches. Und das Universum hat tatsächlich eigene Zeitvorstellungen – aber ist das die Erklärung dafür, dass du noch immer keine Arbeit, keinen Partner oder noch immer Übergewicht hast? Es könnte sein. Vielleicht ist es aber auch an der Zeit, das zu tun, was du tun kannst, wie zum Beispiel, an noch mehr Türen zu klopfen. Du allein weißt, ob du möglicherweise irgendwelche Rückschläge und Enttäuschungen mit etwas zudeckst, was ich als spirituelle Floskel bezeichnen würde.

Mike, ich hatte die Feier schon geplant. Ich hatte sogar vor, dir einen Anteil meines Gewinns zu schicken. Warum habe ich noch nicht im Lotto gewonnen?

Auch hier stellt sich die Frage: Tust du wirklich, was du kannst? Gibst du dein Bestes, unter Einsatz dessen, was du hast, beginnend dort, wo du jetzt stehst?

Und was das Lottospielen betrifft, was willst du wirklich erreichen? Wünschst du dir einen Lottogewinn oder Reichtum und Fülle? Reichtum und Fülle natürlich! Dann – und so ist es bei *allem* in deinem Leben – musst du *alles* tun, was du kannst, unter Einsatz dessen, was du hast, beginnend dort, wo du jetzt stehst. Klopf an Türen, dreh Steine um, befass dich mit Möglichkeiten des Geldverdienens. Seien es nun eine Anstellung, Investitionen, die Teilnahme an Handelsmessen, Erfindungen, das Schreiben von Büchern und so fort. Bitte um Führung (im Stillen bei dir selbst und auch direkt an jene gerichtet, die über Fülle verfügen), visualisiere, bring deine Überzeugungen auf Kurs, erde dich in der Wahrheit, indem du Bücher, Kurse, Filme und alles andere dazu nutzt, was dich darin unterstützt. Meistere die Aufgaben, zu denen du bereits angetreten bist. Fang an und bleib dran! Setz die Segel und halte den Kurs! Bring dir Wertschätzung entgegen – als der Mensch, der du bereits bist, und mit allem, was du bereits hast. Übe dich in Dankbarkeit. Öffne vielleicht sogar deinen Geldbeutel für wohltätige Zwecke. *Lediglich* eine Feier zu planen und Lotto zu spielen ist weit davon entfernt, sein Bestes zu geben, unter Einsatz dessen, was man hat, beginnend dort, wo man jetzt steht.

Natürlich schadet es nicht, auch weiterhin eine Feier zu planen und Lotto zu spielen. Wenn Reichtum und Fülle deine alleroberste Priorität sind und du beides so schnell wie möglich erreichen willst, dann würde ich sogar behaupten, dass du nachlässig bist, wenn du *nicht* jede Woche Lotto spielst. Du willst dem Universum und der Magie des Lebens jede Gelegenheit geben, dich zu erreichen, doch gib dich damit noch nicht zufrieden. Du musst wirklich *alles* tun, was du nur kannst, wenn dein Traum wahr werden soll.

Es gibt ein altes chinesisches Sprichwort, das lautet: »Wissen und nicht tun ist nicht wissen.« Das bringt die Sache auf den Punkt. Du weißt, dass es deine Pflicht ist, dein Bestes zu geben, unter Einsatz dessen, was du hast, beginnend dort, wo du jetzt stehst. Wenn du jetzt trotzdem an der Seitenlinie sitzt und erklärst: »Ich glaube daran: *Meine Gedanken werden Dinge.* Ich habe die Herrschaft über die Illusionen des Lebens und das Universum wirkt im Hintergrund zu meinen Gunsten«, dann tust du eben nicht alles, was du tun kannst. Diese Zusammenhänge haben den nachfolgenden *Gruß* inspiriert:

Gruß vom Universum

Groß denken und klein handeln ist das Gleiche wie klein denken.
Potz Blitz,
das Universum

PS: Und wer das liest und dabei von ganzem Herzen zustimmend nickt und dennoch nicht sein Bestes gibt, unter Einsatz dessen, was er hat, beginnend dort, wo er gerade steht, der kann es ebenso gut bleibenlassen.

Ruhestand, Krankenversicherung und das Anlegen von Sicherheitsgurten

Unterstellst du mit deinen Ratschlägen nicht, dass Rücklagen für den Ruhestand, Krankenversicherungen und das Anlegen eines Sicherheitsgurts beim Fahren die Notwendigkeit all dieser Dinge überhaupt erst beschleunigen? Handelt es sich bei diesen Vorsorgemaßnahmen denn nicht um »negative Vertrauensvorschüsse«, die besagen, dass man als Rentner nicht genug Geld haben wird, dass man krank wird und im Verkehr irgendwann in die Unfallstatistik eingeht?

Ja, ja und nochmals ja! Aber tu diese Dinge trotzdem. Ich halte es jedenfalls so. Bis zu dem Augenblick, da du die Weisheit eines wiedererweckten Christus, eines Buddha oder Laotse hast; bis zu dem Moment, da du auf dem Wasser gehen kannst und aus den zahllosen Möglichkeiten, die vor dir liegen, bewusst das zu manifestieren vermagst, was du willst; bis zu diesem Zeitpunkt darfst du deine finanzielle Sicherheit, deine Gesundheit und dein Glück nicht riskieren, nur weil du »positiv sein« willst!

Auch hier gilt wieder: Schick beide Möglichkeiten gegeneinander ins Rennen und zieh deinen Vorteil daraus. Folge dem Rat der alten Schule und spare für die Zukunft, doch nutze zugleich auch die Möglichkeiten der neuen Schule, die ich dir in diesem Buch vermittelt habe. Deine angeborene Neigung zum Erfolg wird den Ausschlag geben, und deine positiven Vertrauensvorschüsse werden mehr Gutes bewirken, als deine altmodischen Methoden der alten Schulen je an Schaden anrichten könnten.

Verlass dich auf dich selbst

Ich habe eine Freundin mit einer übersinnlichen Begabung. Sie hat mir gesagt, dass dieses Jahr mein Jahr sein wird! Dass ich vermutlich umziehen und beruflich neu anfangen werde und dass mein Seelengefährte jetzt schon auf der Suche nach mir ist!

Juhu! Mitten ins Schwarze! Dieses Jahr wird dein Jahr sein – und jedes nachfolgende Jahr auch! Du bist ein Lichtwesen, dem keine Grenzen gesetzt sind und dem alles möglich ist. Es gibt keinen Berg, der zu hoch für dich ist, keine Hürde, die du nicht überspringen könntest, und keinen Traum, der sich deinem Manifestationsbestreben widersetzen würde! Aber brauchst du wirklich eine übersinnliche Freundin, um das zu erkennen?

Wir sind in einer Welt aufgewachsen, in der wir von klein auf gelernt haben, dass Informationen, Antworten und Hilfe immer nur einen Telefonanruf weit entfernt sind. Ziemlich gut. Nur, warum hat man uns nicht gleich darüber aufgeklärt, dass es auch dieses Telefonanrufs gar nicht bedarf? Woher kommt die Einbildung, dass die Antwort außerhalb von uns selbst zu finden ist? Warum müssen wir immer noch mehr lesen, wieder die Schulbank drücken, noch mehr Rat einholen – all das ausschließlich außerhalb von uns selbst?

Damit deine Segel sich mit Wind füllen, werde zu deinem eigenen Guru und fang damit an, dich mehr auf dich selbst zu verlassen, statt auf andere. Hole Meinungen bei anderen ein, wenn du magst, doch vergiss nicht, dass du bereits alles, was du brauchst, in dir trägst. Auch die Weisheit, selbst zu wissen, was für dich am besten ist.

Gruß vom Universum

Wenn du, von dort ausgehend, wo du jetzt sitzt, über die Unendlichkeit des Kosmos nachdenkst, dann erinnere dich daran, dass er sich nach innen noch weiter erstreckt als nach außen.
Ja, du bist unergründlich und mächtig.
Das Universum

Deine Meinung ändern

So weit ich mich zurückerinnere, wollte ich schon immer Schriftstellerin werden. Ich habe mich in der Schule, bei der Arbeit und in meiner Freizeit an Texten versucht. Doch jetzt löst die Vorstellung zu schreiben nichts mehr in mir aus. Ich bin fertig damit. Ich würde mir lieber etwas anderes suchen, wofür ich Leidenschaft entwickeln kann. Aber ich habe Angst, dass ich mich nur drücken will. Womöglich gebe ich einen Traum auf, wenn ich nicht mehr schreibe.

Bloß weil man spirituell ist, heißt das nicht, dass man mit *allem* (da draußen in der materiellen Welt) Erfolg haben muss. Und schon gar nicht bedeutet es, dass man seine Meinung nicht ändern darf! Es wäre äußerst unnatürlich – und damit unspirituell –, träfen diese beiden Ansichten zu. Die eigene Meinung zu ändern ist nicht gleichbedeutend damit, die Flagge zu streichen und aufzugeben. Es ist auch nicht unvereinbar mit meiner Befürwortung von Beharrlichkeit und Dranbleiben.

Unsere Meinung ändern wir manchmal von einem Tag zum anderen, insbesondere dann, wenn wir erst noch im Begriff sind, die Wahrheit über das Funktionieren unserer

Wirklichkeit zu erkennen. Unser Körper altert, wir werden reifer und entwickeln neue Vorlieben, und Gleiches gilt auch für unsere spirituelle Entwicklung. Wenn wir etwas Neues lernen, dann verlagern sich automatisch unsere Prioritäten; unsere Herangehensweisen passen sich an und unsere Träume entwickeln sich weiter.

Wenn man berücksichtigt, dass wir uns an das Allgemeine binden und nicht an die Details oder das *verflixte Wie*, dann ist es bei der Annäherung an die Erfüllung eines Traums geradezu geboten, Meinungen und Auffassungen zu ändern. Indem wir meistern, wofür wir angetreten sind, und auf neuen Wegen Fortschritte machen, verändert sich die Szenerie, und die Zahl unserer Möglichkeiten wächst. So betrachtet, gehört das Ändern deiner Meinung einfach dazu, wenn du dein Bestes gibst auf dem Weg zur Verwirklichung des großen Ganzen deiner Träume.

In deinem Fall rate ich dir, deiner Vorstellung von Endergebnissen einfach eine neue Definition zu geben und sie nicht mehr mit vorübergehenden Zielen zu verwechseln. Und schon gewinnst du Bewegungsfreiheit. Du könntest einfach dabei bleiben, dass du dir eine kreativ erfüllende Arbeit wünschst, aber nicht mehr darauf beharren, dass du Schriftstellerin werden musst. Möge es viele Türen geben, an die du noch klopfen kannst, und mögen sie alle zu dir passen und sich gut anfühlen. Wenn eine bestimmte Tür in dir keine Leidenschaft mehr weckt, dann halte dich eine Weile von ihr fern. Lass sie los. Tausch diese Tür aus gegen eine andere, ändere deine Meinung und probier etwas Neues aus.

Gruß vom Universum

Beharrlichkeit bedeutet nicht, dass man so lange an nur eine Tür klopft, bis sie sich endlich öffnet. Beharrlichkeit bedeutet, an alle Türen zu klopfen.
Klopf, klopf,
das Universum

Bleib konzentriert auf das, was wichtig ist

Ich bin Mitarbeiter in einem Filmproduktionsteam, träume jedoch davon, eines Tages selbst Produzent zu sein. Einige meiner Kollegen scheinen neidisch auf mich zu sein. Mein Erfolg beunruhigt sie, und ich habe Angst, dass sie, je näher ich meinem Ziel komme, alles daransetzen werden, um mich bei der Verwaltung und bei den Investoren schlechtzumachen. Wie soll ich damit umgehen?

Warum bist du in diesem Team? Ich betrachte es als eine Tür, an die du ursprünglich einmal geklopft hast, und gehe davon aus, dass diese Tür eine wichtige Rolle spielt auf deinem Weg zum großen Ganzen deines Ziels: Produzent zu werden und deinen Platz im Filmgeschäft zu finden. Stimmt's?

Dann solltest du deinen Blick weiterhin auf dein angestrebtes Endergebnis richten und dich nicht mit diesem speziellen Abschnitt deines Weges dorthin aufhalten. Lass dich nicht von deinem eigentlichen Ziel und von deinen Beweggründen für deine ursprüngliche Wahl ablenken. Es könnte sogar sein, dass es für den Fortschritt auf deiner Reise am besten ist, aus diesem Team hinausgedrängt zu werden. Klammer dich nicht an dieses *Wie.*

Andererseits kommt es vor, insbesondere wenn wir am Anfang einer Reise stehen, dass uns auf einmal all die Löwen, Tiger und Bären ins Auge fallen, die sich mit uns auf dem Weg befinden. Es kann geschehen, dass uns die Angst vor ihnen reagieren lässt und dass wir uns damit aufhalten, sie aus dem Weg zu räumen, statt sie einfach zu umgehen und unserem Kurs weiter zu folgen.

Es ist kein Zufall, dass unsere Dämonen gerade dann in Erscheinung treten, wenn wir uns Größeres und Besseres vornehmen. Wir glauben nur deshalb, in Gefahr zu sein, weil wir das Territorium noch nicht kennen. Wenn du dir Größeres und Besseres wünschst, dann ist das ein guter Hinweis darauf, dass du Gedanken nachgehst, die für dich vollkommen neu sind. Sonst hättest du dein Ziel ja bereits erreicht. Herausforderungen gehören zu jedem neuen Kurs dazu. Ja, sie zeigen uns, dass wir uns *tatsächlich* auf dem richtigen Weg befinden. Wir müssen uns lediglich an das erinnern, was uns wichtig ist – das größere Endergebnis. Auf dieses Endergebnis müssen wir uns konzentrieren. Wir dürfen uns nicht durch irgendwelche Ablenkungen vom Kurs abbringen lassen, nur weil sie uns scheinbar bedrohen oder herausfordern.

Gruß vom Universum

Ist dir schon aufgefallen, dass alle Träume eingebaute Herausforderungen und alle Herausforderungen eingebaute Träume haben?
Merkwürdig, nicht wahr?
Schiff ahoi,
das Universum

PS: Deshalb sind beide für uns »Geschenke« – sie zu verknüpfen, spart jede Menge Papier.

Beurteile deinen Fortschritt nicht ausschließlich mit deinen physischen Sinnen

In unserer Firma werden Stellen gestrichen. Mein Chef spricht nicht mit mir. Und ich habe das furchtbare Gefühl, dass ich meine Stelle verlieren werde. Aber meine Kinder im Teenageralter sind ganz und gar von mir abhängig. In meinem Alter und angesichts der gegenwärtigen wirtschaftlichen Lage brauche ich dringend Hilfe!

Weil es so wichtig ist, immer wieder darauf hinzuweisen, sei zunächst gesagt: Verlass dich nicht allein auf deine physischen Sinne, um deinen Fortschritt in Zeit und Raum oder sein vermeintliches Fehlen zu beurteilen! In der Regel kann man mit ihnen die Magie des Lebens nicht wahrnehmen. Deine physischen Sinne taugen dazu, das einzuschätzen, was sich unmittelbar vor dir befindet – deine Manifestationen im zeitlichen Rahmen einer Stunde. Doch wenn es darum geht, eine Aussage über dein Vorankommen auf deinem Kurs und die Entfernung zu deinem Ziel zu treffen, dann sind sie vollkommen nutzlos. Es ist nun mal unmöglich, einen Blick in das Unsichtbare zu werfen. Aber dort werden alle entscheidenden Fäden gezogen! Wenn du deine Manifestationen des heutigen Tages nutzen willst, um deinen Fortschritt zu beurteilen, dann verhältst du dich wie ein Kapitän, der sich bei der Überfahrt von den Vereinigten Staaten nach Europa allein auf seine Augen verlässt, um sein Vorankommen einzuschätzen. Wenn man Tag für Tag auf einen immer gleichen Horizont blickt und nichts sieht als kleine oder größere Wellen, so weit das Auge reicht, dann kann man leicht zu dem Schluss kommen, dass man sich seinem Ziel gar nicht nähert. Unsere Augen verfügen eben nicht über die Leistungsfähigkeit, die wir uns wünschen. Und folglich können wir Wunder nicht einmal dann erkennen, wenn sie direkt vor unserer Nase geschehen. Doch das Universum stellt zuverlässig, übergangslos und minutiös alle Mitspieler und Umstände so um, wie es zu unseren Gunsten erforderlich ist.

Gruß vom Universum

Hast du eine Vorstellung davon, was in Zeit und Raum abläuft, unmittelbar bevor sich etwas wirklich Unglaubliches ereignet? Etwas Überwältigendes? Unmittelbar bevor sich ein wirklich großer Traum erfüllt?
Weißt du es?
Absolut gar nichts.
Jedenfalls nicht in der physischen Welt.
Wenn also zufällig gerade absolut gar nichts in deinem Leben geschieht ... dann nimm es als Zeichen.
Alles Gute,
das Universum

Und da wir gerade darüber sprechen, wie sinnlos es ist, Entwicklungsprozesse allein mit den physischen Sinnen zu beurteilen, dann rate ich dir außerdem, diese Beurteilung auch nicht deinen Freunden zu überlassen. Verlass dich lieber auf dein eigenes Urteil.

Wenn Freunde und Bekannte dich zu einem beliebigen Zeitpunkt in deinem Leben sehen, dann gehen sie fälschlicherweise davon aus, dass du immer der sein wirst, der du warst oder bist, und dass du immer dort stehen wirst, wo du bisher standest. Sie haben keine Ahnung davon, welche Träume du in deinem Herzen bewegst, und auch nicht davon, was du alles tun, sein und haben kannst. Dennoch versuchen sie immer, dich einzuordnen. Sie tun das nicht mit böser Absicht, sondern um sich die Aufgabe, dich zu verstehen, ein wenig leichter zu machen.

Mein allererstes Honorar als öffentlicher Sprecher (100 Dollar) erhielt ich 2001 von der Geistlichen einer kleinen Unity-Kirche mitten in Florida. Bei meinem kleinen, zwanzigminütigen Vortrag zum Thema »Gedanken werden Dinge« hatte ich zwanzig Zuhörer. Die Geistliche war während meiner Rede anwesend, und sie muss meine große Unsicherheit (trockener Mund, zitternde Hände und was nicht noch alles) bemerkt haben, denn eine Woche später erhielt ich mit meinem Scheck einen freundlichen, handgeschriebenen Brief, der auf mich wie ein Tritt in den Magen wirkte. Darin stand etwa das Folgende: »Lieber Mike, ich würde dir gern denselben Rat geben wie allen meinen Gemeindemitgliedern, die nach ihrem Platz im Leben suchen. Ich rate dir, deinem Herzen zu folgen und dich nicht zu sehr an irgendwelche Ergebnisse zu klammern.«

Wie bitte?

Sie teilte mir auf die schonendste und liebevollste Weise mit: »Mike, du bist nicht der Typ, der vor einem Publikum Vorträge hält. Aber mach dir keine Sorgen: Wenn du nur all deine Möglichkeiten gründlich prüfst, findest du bestimmt etwas, das wirklich gut zu dir passt.« Ich hätte ihre geringe Meinung von meiner Rednerbegabung übernehmen können. Ich hätte meine Angst vor dem öffentlichen Reden zusammen mit ihrem Urteil als Expertin nutzen können. Ich hätte zu dem Schluss kommen können, dass ich mir wirklich etwas anderes suchen muss. Aber das habe ich nicht getan. Aus gutem Grund.

Freunde sollten Freunde nicht einschränken. Lass es nicht zu, dass deine Freunde dich versehentlich entmutigen.

Keine Angst vor dem Unbekannten

Wie kann ich wissen, ob ich mich auf dem richtigen Kurs befinde?

Du kannst es nicht wissen! Und deshalb versteifst du dich am besten niemals auf einen bestimmten Kurs (das *verflixte Wie*). Deshalb klopfst du weiter an möglichst viele Türen und drehst möglichst viele weitere Steine um. Und deshalb ist dein Endergebnis eher allgemein gehalten und lässt dem Universum genug Raum zum Manövrieren. Aber ich will diese Frage um eine zweite ergänzen, von der du dich jetzt oder an irgendeinem Punkt auf deiner neuen Reise angesprochen fühlen wirst.

Aber was kannst du tun, wenn dich Zweifel quälen?
Wie kannst du dem einmal eingeschlagenen Weg treu bleiben?

Verschreibe dich keiner Sache außer dem Endergebnis. Doch meistere, wozu du angetreten bist, solange du es tust. Bedenke: Das zu meistern, wozu du angetreten bist, ist der schnellste Weg, um die Sache zum Abschluss zu bringen. Während der ersten zwei Jahre im Verlauf der Reise, zu der ich angetreten bin, war jeder einzelne Schritt von Zweifeln begleitet! Erinnere dich: Nichts von dem, was ich tat, war das, was ich mir erträumte. Ja, ich wusste nicht einmal, welches Leben ich mir eigentlich wünschen sollte! Ich gebe auch gerne zu, dass ich oft das Gefühl hatte, sehr hart arbeiten zu müssen. Doch weder Schwierigkeiten noch Zweifel bedeuten, dass du auf dem falschen Dampfer bist. Die Tatsache, dass du einen Kurs eingeschlagen hast, zeigt, dass er richtig ist. Sonst wäre er nicht dein Kurs, welcher Art er auch immer sein mag. Er ist nicht unbedingt für alle Zeiten richtig, doch für heute und so lange, bis sich vor dir noch attraktivere Türen öffnen.

Jedes Mal, wenn mich Verwirrung erfasste, beleuchtete ich meine zaghaften, vorsichtigen Ideen mit dem Licht der Wahrheit und durchforschte mein Herz nach meiner wahren Motivation. Ich durchsuchte meine Erfahrungen Tag für Tag nach den Momenten, in denen ich Erfüllung gespürt hatte. Und ich zog andere Möglichkeiten in Betracht, wie etwa in einen anderen Staat zu ziehen, noch einmal eine Ausbildung zu machen oder radikal alles auf einmal zu verändern. Wenn ich mit dem Nachdenken fertig war, dann hatte ich in der Regel die Bestätigung für meinen Kurs. Nie war ich hundertprozentig sicher, aber doch sicher genug, um meinen Kurs weiterzuverfolgen, und mehr Sicherheit braucht niemand.

Um die Wahrheit zu sagen: Ich glaube nicht, dass sich irgendjemand im Hinblick auf einen neuen Kurs hundertprozentig sicher sein kann. Schließlich sind da noch die »Flausen« des Universums und die Magie des Lebens, die ihre eigenen Korrekturen vornehmen, und schon ist alles anders. Vielleicht ist das unter anderem der Grund dafür, warum wir im Verlauf unserer Reise Zweifel haben: Instinktiv wissen wir, dass die Magie des Lebens unsere Willensbekundungen und unsere Bindungen mit einem Schlag bedeutungslos machen kann. Aber unsere Zweifel bedeuten nicht, dass wir nicht dennoch das meistern können, wozu wir angetreten sind.

Gruß vom Universum

Fragst du dich je, ob du den richtigen Kurs
eingeschlagen hast?
Fühlst du dich gelegentlich in neuen Beziehungen
verletzbar?

Verlässt dich dein sicheres Gefühl, wenn große
Entscheidungen anstehen?
Und bist du je nervös geworden bei der Vorstellung,
vor einem großen Publikum sprechen zu müssen?
Außerordentlich! Phantastisch! Ganz großartig!
Ebenso ist es all den anderen legendären Menschen
ergangen, die dir vorausgegangen sind.
Die Sonne bescheint deinen Weg,
das Universum

PS: Bescheidenheit ist respektvoll. Respekt ist liebevoll.
Und Liebe kann es nur geben, wenn es eine Vision für
Wohlstand gibt, deinen Glauben an deinen eigenen
Wert und das sichere Gefühl, dass alles so ist, wie es sein
muss. Toll, nicht?
Her mit den »Schmetterlingen im Bauch«.

Aufbaukurse

Mike, bietest du fortgeschrittenes Material für diejenigen von uns an, die bereits das erreichen, wovon du sprichst?

Huch! Wie bitte? Es ist unglaublich, aber die Wahrheit ist einfach! Mich verblüffen immer wieder die Menschen, die unbedingt wollen, dass alles kompliziert ist. Als hätten sie das Einfache bereits in allen Tiefen ausgelotet und bräuchten nun größere Herausforderungen. Ich habe jedoch die Erfahrung gemacht, dass immer gerade die nach anspruchsvollerem, fortgeschrittenerem Material schreien, die das Einfache noch nicht begriffen haben.

Natürlich gibt es alle nur erdenklichen Methoden für die Kontrolle des eigenen Geistes und verschiedenste Meditationsprogramme, doch nichts von alledem ist nützlicher, wirkungsvoller und praktikabler als die Maxime *Gedanken werden Dinge.* Das ist es! Mach es dir zu eigen! Iss es, schlaf es und atme es! Mach es dir in jedem wachen Augenblick deines Lebens bewusst, und wenn du den Gipfel erreichst und dir noch Zeit von deinem erstaunlichen Leben verbleibt, gib es zurück und zeig es denen, die lernen wollen.

Ich habe einen Freund, der hat sich mit Mitte vierzig eine neue Karriere als Börsenmakler aufgebaut. Inzwischen ist er in den Sechzigern und unglaublich erfolgreich. Es macht ihm großen Spaß, von seinem Berufsweg zu erzählen, denn als er mit Mitte vierzig noch einmal von vorne anfing und schließlich bei einer großen Maklerfirma andockte, erklärten ihm seine neuen Kollegen ganz genau, was er tun musste, um in ihrer Branche erfolgreich zu sein. Sie erklärten ihm genau, wie viele Kaltanrufe pro Tag er machen und wie er sich am Telefon verhalten musste. Sie brachten ihm bei, sich nicht abweisen zu lassen. Sie vermittelten ihm, auf wie vielen Veranstaltungen jährlich er seine Produkte vorstellen sollte, und rüsteten ihn kostenlos mit Material und Werbegeschenken für seine Präsentationen aus. Sie erklärten ihm geradeheraus: »Wenn Sie alle unsere Ratschläge berücksichtigen, dann garantieren wir Ihnen den Erfolg. Die Erfahrung lehrt uns jedoch, dass nur etwa einer von zehn unseren Anweisungen folgt und dass der Rest nach und nach wieder aussteigt.« Jedes Mal, wenn er seine Geschichte erzählt, schüttelt er den Kopf und sagt: »Ich habe einfach nur das gemacht, was sie mir vorgeschlagen haben – und es hat funktioniert.«

Ich verspreche dir, dein »Alles« wird mehr als ausreichen, trotz aller Ängste, Grenzen oder unsichtbaren einschränkenden Überzeugungen, die du gegenwärtig hast.

Es tut mir leid, wenn sich das Folgende überheblich anhört. Aber wenn du dich an die einfachen, in diesem Buch dargelegten Regeln hältst, die von dir weder Rituale noch Opfer noch irgendwelche Spenden fordern; wenn du sie einhältst, nicht weil Mike Dooley es von dir verlangt, sondern weil du jetzt deine eigene Kommandogewalt kennst und weißt, wie das Leben funktioniert, dann *muss* dein Traum wahr werden. So einfach ist das.

Du bist es dir selbst schuldig, deiner Familie, deinen Nächsten und deinen Träumen, *alles* in das Abenteuer des Lebens zu investieren. Ich verspreche dir, dein »Alles« wird mehr als ausreichen, trotz aller Ängste, Grenzen oder unsichtbaren einschränkenden Überzeugungen, die du gegenwärtig hast.

Gruß vom Universum

Aber selbstverständlich bieten wir hier auch den Fortgeschrittenen Unterstützung!
Den Flur entlang und durch die Türen bis zu dem Schild, auf dem steht: »Aushilfe gesucht«. Ja, gleiche Abteilung. Wir drehen einfach das Schild um, und dann steht da »Hilfe für Fortgeschrittene«. Denn der therapeutische Effekt, der in der Unterstützung anderer liegt, ist eine der fortgeschrittensten Methoden, um sich selbst zu helfen.
Still, bitte sag es keiner Menschenseele weiter!
Das Universum

PS: Wir haben hier auch ein Programm für fortgeschrittene Meister. Hierzu drehen wir immer dann das Schild um, auf dem »Geführtes Visualisieren, Spiel und Spaß« steht, wenn jemand sich selbst zu wichtig nimmt. Pst, nicht weitersagen!

So viel zu dem unbewussten Selbstbetrug, zu dem die Leute sich »verleiten« lassen. Er hindert sie daran, die Wahrheit auf ihr Leben anzuwenden oder das Offensichtliche zu sehen. Verursacht wird er dadurch, dass die Leute ihre eigenen Motive entweder nicht durchschauen oder dass sie ihnen nicht bewusst sind. Wenn du deine eigene Motivation nicht kennst, dann wirst du vermutlich vom Geld gesteuert oder von der Gesellschaft. Von deinen Imagevorstellungen, deiner Familie oder von irgendetwas anderem als dem, was du wirklich willst. Zum Beispiel wird es nie funktionieren, mit Geld andere Probleme in den Griff zu bekommen. Mit Geld kann man kein gebrochenes Herz heilen. Mit Geld kann man keine Zufriedenheit im Beruf herstellen. Und was noch schlimmer ist: Wenn solche Dinge dich hauptsächlich motivieren, dir Geld zu wünschen, dann hast du es sofort mit dem *verflixten Wie* zu tun. Dann bestehst du darauf, mit X an Y zu kommen, statt für Y an viele Türen zu klopfen, und deine Chancen, dein Ziel zu erreichen, fallen gegen null. Du musst erkennen, was dich wirklich vorantreibt. Einfach ausgedrückt: Wenn das Abenteuer des Lebens dein Ziel ist und als dessen Bestandteil die Bewältigung deiner gegenwärtigen Herausforderungen, nun, dann ist alles klar und du kannst deinem Kurs weiterhin folgen. Ist es das aber nicht, dann ist es an der Zeit, sich ein paar Fragen zu stellen.

Es wird nie funktionieren, mit Geld andere Probleme in den Griff zu bekommen.

Irgendwann in meinem Leben habe ich mich jeder nur denkbaren Form von Selbstbetrug schuldig gemacht. Das ist keine schlimme Sache, solange man bereit ist herauszufinden, welche Form dieser Selbstbetrug hat, und sich ihr entgegenstellt. Sei nicht zu streng mit dir und mach dir klar: Wie weit du auch vom Kurs abweichst, das Universum und die Magie des Lebens sind unvoreingenommen und können dich jederzeit wieder in die gewünschte Fahrrinne bugsieren.

Letzte Anstrengung

Wenn du nachts träumst, sind die Leute, Orte und Umstände in deinem Traum dann echt oder nur Gedanken? Eine schwierige Frage. Du wirst mir sicher zustimmen, für den Träumenden sind diese Leute, Orte und Umstände, die ihm in seinem Traum Schweißausbrüche und Herzrasen verursachen, äußerst real. Doch wenn man die Perspektive wechselt, erkennt man mit den Außenstehenden sofort, dass alle Details im Traum nur Gedanken sind. Die Antwort lautet also, dass sie sowohl echt als auch Gedanken sind. Das eine schließt das andere nicht aus. Nur weil sie real sind, bedeutet das nicht, dass sie nicht zugleich auch Gedanken sein können. Und nur weil sie Gedanken sind, bedeutet das nicht, dass sie nicht auch real sind.

Mit dem Traum in Zeit und Raum – vom Hier und Jetzt – verhält es sich genauso. Nur wird dieser Traum vom Universum geträumt, das gerade langsam aber sicher erwacht – groggy, verschlafen und verwirrt – genauso wie du und ich! Die Stafette ist weitergereicht, und wir bewahren uns die gegenwärtigen Illusionen, indem wir die Gedanken auswählen, die zu den Dingen und Ereignissen unseres Lebens werden sollen. Genau wie in einem Traum: Die Illusionen, die dich in diesem Augenblick einhüllen, sind real, und zugleich sind sie nur Gedanken. *Deine* Gedanken!

Ich möchte schließen, indem ich meine Lieblingsfrage stelle, mit der ich die meisten meiner Vorträge beende und auch mein Buch *Die Matrix der Wunscherfüllung* abgeschlossen habe: Ist das Leben fair? Ist es das? Wirklich? Nun, wenn du aufmerksam gelesen und aufgepasst hast, dann solltest du jetzt eigentlich ein lautes NEIN hören lassen!

Auf gar keinen Fall, das Leben ist *nicht* fair! Die Karten des Lebens sind so sorgsam zu deinen Gunsten gezinkt, dass es eigentlich ein Witz ist. Du hast nichts anderes zu tun, als an das zu denken, was du dir wünschst, und es muss wahr werden. Du befindest dich auf dem Planeten der Manifestation, den du mitgeschaffen hast, damit du dich austoben und wachsen kannst. Deshalb ist Erfolg viel wahrscheinlicher als Scheitern, Glück wahrscheinlicher als Unglück, Gesundheit wahrscheinlicher als Krankheit, ein großer Freundeskreis wahrscheinlicher als Einsamkeit. Ist dein Leben nicht schon jetzt der Beweis dafür? Das Leben ist nicht fair. Du bist der Herr im Haus. Und du kannst haben, tun und sein, was immer du willst.

Um in deinem Leben große Veränderungen vorzunehmen, musst du zuallererst deine Kommandogewalt erkennen. Du musst ihre Quelle verstehen: das Universum. Und du musst begreifen, dass sich deine Macht in deinen Gedanken ausdrückt, die schließlich zu Dingen werden. Dann musst du entscheiden, welchen Kurs du einschlagen willst. Such dir ein Endergebnis aus. Entscheide, was und wer du sein willst, wenn du erwachsen bist, und sei es nur ganz allgemein. Sobald du einen Zielhafen gewählt hast, setz dir einen Termin – zwei Wochen oder auch zwei Tage. Bis dahin klopfst du an Türen und drehst Steine um, denn je mehr du tust, desto besser kann dich das Universum unterstützen. Jede Tür, an die du klopfst, erhöht exponentiell den Einsatz, den das Universum um deinetwillen aufbringt. Also klopfe immer schön weiter an Türen, und glaube nicht, dass du die ideale Tür finden musst. Vielmehr wird sie dich finden, wenn du nur immer weiterklopfst.

Visualisiere jeden Tag. Entwickle deine eigenen Hilfsmittel und Techniken. Sag Dinge, die dich voranbringen. Verhalte dich auf eine Weise, die stillschweigend unterstellt, dass deine Träume auf jeden Fall wahr werden. Leb deine Träume aus, so weit es nur irgend möglich ist. Nicht nur, um dich an diesen Genüssen zu erfreuen, sondern um dem Universum zu zeigen, dass du so leben willst und dass du dich auf noch bessere Zeiten vorbereitest.

Sei die Person, von der du heute träumst. Sei diese Person mit jeder getroffenen Entscheidung, jedem »Guten Morgen«, jedem »Auf Wiedersehen«, jeder Aufgabe, die du übernimmst. In jedem Gespräch, das du führst, bei jeder Mahlzeit, die du zu dir nimmst. Jeden Morgen, jeden Nachmittag, jeden Abend, immer. Und schau niemals, niemals zurück. Bleib niemals stehen. Zweifle niemals. Beklag dich niemals darüber, dass es schwer ist. Sag niemals, dass du keine Ahnung hast, schon gar nicht dann, wenn du wirklich meinst, keine Ahnung zu haben. Sag vielmehr: »Ich weiß. Ich sehe alles ganz klar vor mir.« Richte jeden Gedanken neu aus, jedes Wort und jede Tat, damit sie ihren Ursprung in der Perspektive der Person haben, die du schon immer sein wolltest.

Du könntest nicht mehr Macht haben. Du könntest nicht mehr geliebt werden. Du könntest nicht besser geführt werden. Das Universum, dein höheres Selbst, wirkt im Hintergrund für dich. Es wünscht sich für dich, was du dir wünschst. Du bist reine Energie, und deine Gedanken, Worte und Taten senden Wellen ins Unsichtbare und befehligen Legionen, die dir zu Willen sind.

Du wirst die Ziele erreichen, von denen du träumst, und du wirst über sie hinausschießen. Und das alles wird sich so normal anfühlen, dass du schwören könntest, es sei Bestimmung. Entspann dich, nun da du die Wahrheit kennst. Lass dich treiben. Sei leichtsinnig, gelegentlich unvernünftig, sogar unpraktisch, denn solche Verhaltensweisen können als gewaltige Vertrauensvorschüsse aufgefasst werden, die dem Universum mitteilen, dass du nicht vor Entschlossenheit und Ernsthaftigkeit platzen musst, um vom Leben das zu bekommen, was du dir wünschst. Du hast die Kommandogewalt.

Lass zu, dass es leicht geht, leichter als jemals zuvor. Deine Bemühungen müssen nicht in Zeit gemessen werden. Das Anmustern des Universums und der Magie des Lebens verlangt nicht, dass du härter arbeiten musst. Es verlangt, klüger zu Werke zu gehen, zu erkennen, warum du tust, was du tust, und dass du nicht alleine bist. Bring die Magie des Lebens in Gang. Mach die Leinen los und hiss die Segel, indem du dein Bestes gibst, unter Einsatz dessen, was du hast, beginnend dort, wo du jetzt stehst. Das ist dein gutes Recht. Deine Träume sind deine Bestimmung. Klopf an und suche. Bitte und träume. Beweg dich auf die Erfüllung deiner Träume zu, und dein Becher wird überfließen, denn so ist dieses große Abenteuer beschaffen.

Vom Grunde meines Herzens, das nur ein weiterer Teil deiner selbst ist, wünsche ich dir alles nur erdenkliche Glück in diesem Abenteuer namens Leben. Und ich freue mich schon darauf, wenn unsere Wege sich kreuzen, hoffentlich im Sichtbaren. Aber falls nicht, dann erwische ich dich bestimmt im Unsichtbaren.

Zusammenfassung

- Wenn du wächst und spirituell reifer wirst, werden sich deine Träume und Bestrebungen auf natürliche Weise verändern und entwickeln – lass es zu.

- Du hast bereits den schwarzen Gürtel im Manifestieren, bist ein munterer und natürlicher Schöpfer. Um Veränderungen herbeizuführen, musst du lediglich die Segel setzen, nicht ein neues Schiff vom Stapel lassen!
- Klarheit ist leicht zu erreichen, wenn wir unsere Ziele auf einige wenige große Visionen eingrenzen.
- Aufrichtigkeit im Hinblick auf deine Motivationen ist der sicherste, schnellste und leichteste Weg, um das zu erlangen, was du wirklich willst.
- Es stimmt: Das Universum biegt die Dinge nach seinen eigenen Zeitvorgaben hin, vorausgesetzt, du gibst dein Bestes, unter Einsatz dessen, was du hast, beginnend dort, wo du jetzt stehst.
- Immer wenn es um Gesundheit und Vorsorgemaßnahmen geht, schick beide Möglichkeiten gegeneinander ins Rennen und zieh deinen Vorteil daraus; folge sowohl den althergebrachten Regeln der alten Schule als auch den spirituellen Erkenntnissen der neuen, die sich für dich richtig anfühlen.
- Du trägst bereits alles in dir, was du brauchst, um all das zu sein, wovon du träumst – auch die Weisheit zu wissen, was am besten für dich ist.
- Deine Meinung zu ändern heißt nicht, aufzugeben. Manchmal kann es sogar bedeuten, einen »höheren« Weg einzuschlagen.
- Beschränke dich niemals darauf, deinen Fortschritt oder sein Fehlen allein mit deinen physischen Sinnen zu beurteilen.
- Zweifel, Unsicherheit und Verwirrung gehören zu jeder Reise. Sie sind niemals die Veranlassung, bei der Aufgabe, für die du angetreten bist, weniger als dein Bestes zu geben.
- Du wirst bewundert!

Anregende Übungen

Wie hast du dich entwickelt?

Denke darüber nach, wie sich in letzter Zeit deine Weltsicht und deine spirituellen Überzeugungen entwickelt haben, wie sie gewachsen und gereift sind. Welche sind deine drei kühnsten Lebensperspektiven, und wie haben sie sich auf deine höchsten Prioritäten, deine Träume und Wünsche ausgewirkt oder werden es noch tun?

Vielleicht möchtest du aufschreiben, was du wirklich haben, tun und sein kannst.

Gruß vom Universum

Du spürst es, wenn du jeden Tag etwas so stark visualisierst, dass du seine Wirklichkeit förmlich schmeckst? Und du glaubst an seine Manifestation mit deinem ganzen Herzen und deiner Seele? Und jedes Mal, wenn du auch nur im Vorübergehen daran denkst, dann bereitest du dich auf sein Eintreffen vor? Und trotzdem geschieht absolut nichts?
Du hast recht! Das ist unmöglich!
Bis zum nächsten Mal,
das Universum